QUAND L'ENFANT DE SIX ANS DESSINE SA FAMILLE

Janine Mantz-Le Corroller

Quand l'enfant de six ans dessine sa famille

MARDAGA

© 2003 Pierre Mardaga éditeur
Hayen, 11 - B-4140 Sprimont (Belgique)
D. 2003-0024-02

A mon maître

Le Professeur Freddy Raphaël

qui m'a ouvert le monde de la sociologie.

Préface

C'est un grand plaisir de présenter l'ouvrage de Madame Janine Mantz : il témoigne d'une profonde expérience clinique et la très riche iconographie qui l'illustre montre quels soins a dû nécessiter le travail qui en a permis la collecte. Il faut lire attentivement le livre pour comprendre combien le dessin de l'enfant est non un objet d'étude en soi, mais une forme de communication qui nous en dit beaucoup sur son monde intérieur. Que dessine l'enfant ? Sa famille réelle ? En fait, la réalité dont il s'agit, si elle est sans doute inspirée du monde réel, à la manière des restes diurnes du rêve, exprime surtout la réalité subjective. Tendresse et violence, fusion et distance qui animent le contenu des dessins reflètent des mises en scène, des fantasmes, dans leur double origine consciente et inconsciente.

Nulle clé des songes, nul codage sémantique, mais une ouverture à la pensée de l'enfant, une clé pour explorer la voie royale de son inconscient. Je suis sûr que le lecteur partagera tout le plaisir et l'intérêt que j'ai pris à lire ce livre et ses images. Nous devons remercier l'auteur pour la qualité de sa réflexion et pour cette nouvelle contribution qu'elle nous offre dans le domaine si fondamental des imagos familiales de l'enfance.

D. Widlöcher

Introduction

La famille contemporaine se voit attribuer divers qualificatifs : nucléaire, relationnelle, monoparentale, recomposée en fonction de ses caractéristiques diverses, en fonction aussi des situations variées qu'elle vit. On l'observe, on l'étudie. Les problèmes du couple, le vécu de l'adolescent focalisent en particulier l'attention des chercheurs : on questionne, on utilise des moyens d'exploration apparemment rodés. Mais les enfants dont l'approche est délicate restent dans l'ombre. Nous allons essayer de les entendre.

Il existe en effet une autre approche de cette famille contemporaine : c'est la présentation par l'enfant de sa propre famille dans son dessin à 6 ans, âge où le dessin est encore son langage.

Le dessin de sa famille par l'enfant de 6 ans est joint par l'école maternelle à son dossier médical d'entrée au Cours Préparatoire. Ce dessin permet de mieux connaître son auteur, de mieux le comprendre, de mieux l'aider au cours de sa scolarité primaire. Or, il nous livre sa vision personnelle de son monde familial, véritable évaluation qu'on peut trouver surprenante et qui nous fascine. Il révèle la famille contemporaine dans ses heurs et malheurs.

Une question se pose dès l'abord : ce dessin peut-il être considéré comme un document fiable, une évaluation pertinente de la famille ?

Deux arguments en ce sens entrent en ligne de compte :

– le premier s'appuie sur ce qu'est le dessin de l'enfant de 6 ans. L'enfant éclairé par son observation, par sa connaissance intuitive, dessine, raconte en toute confiance ce qu'il sait. Le sens de son langage sera étudié dans la première partie de cet ouvrage.

– Le deuxième argument s'appuie sur la comparaison de ce message du dessin avec la réalité progressivement appréhendée dans d'autres circonstances par d'autres moyens que l'exposé de la méthode de travail précisera.

Quinze années d'exercice de la médecine scolaire m'ont permis de recueillir ce document propre à chacun des milliers d'écoliers rencontrés.

Bases de l'étude

POURQUOI LE CHOIX DU DESSIN?

Il n'est pas facile de connaître l'enfant ou sa famille. Comment appréhender l'atmosphère familiale ? L'interrogatoire direct oral de l'enfant ou de l'adulte est délicat : il concerne des relations familiales qu'il est souvent difficile de définir ; objectivement, les réponses varieront selon les individus, enfants ou adultes. Il est indiscret : les réponses seront biaisées par les réticences, par l'impression que l'interlocuteur veut produire personnellement s'il s'agit d'un adulte, par l'embarras de l'enfant dérouté. Même rencontré à plusieurs reprises, l'enfant doit être mis en confiance, et le plus simple est de ne pas l'interroger de façon plus précise que «Comment vas-tu?». Il est alors possible qu'il raconte, surtout quand son souci est trop lourd : «Papa est parti, Maman aussi...».

L'interrogatoire de l'enfant plus âgé ou de l'adulte par écrit, par questionnaire anonyme, peut amener le même genre de difficultés ou le refus. De plus, les enquêtes réalisées chez l'enfant montrent que l'esprit n'est pas le même dans les réponses aux questionnaires avant ou après le Cours Élémentaire 2 en raison du seuil de transformation des 7/8 ans (nous y reviendrons). Ainsi, dans une enquête sur le sommeil de l'écolier réalisée dans toutes les classes d'une école élémentaire par questionnaire écrit quotidien, les réponses du Cours Moyen avaient perdu la spontanéité, la confiance, la sincérité toute simple et pouvaient être animées par un désir d'originalité, de plaisanterie qui rendait parfois difficile le recueil de résultats chiffrés fiables. En outre, les réponses des plus âgés à ces questions qui relèvent de la vie familiale pourraient avoir la non-fiabilité observée chez l'adulte.

Une autre méthode peut nous amener la connaissance que nous cherchons : c'est l'étude du dessin par l'enfant de sa propre famille.

Le dessin est en effet un langage de l'enfant. Les travaux à ce sujet n'ont cessé de se multiplier depuis le début du siècle : psychologues, psychiatres, psychanalystes ont largement publié à ce sujet. Mais le dessin, langage de l'enfant, a surtout été utilisé pour une meilleure connaissance de sa personne en cas de problème. Là aussi, il évite l'interrogatoire direct : l'interlocuteur, face à l'enfant dessinant, l'observe et écoute ses commentaires qu'il relance au besoin. Le dessin est utilisé en thérapeutique car il concerne des enfants en difficulté.

Appliquée à l'étude de toute une population, celle fréquentant une école donnée par exemple, au même âge judicieusement choisi, cette méthode prend un caractère général et nous amène la communication avec l'enfant que nous cherchons. Les difficultés de contact, d'interrogation n'existent plus et, si le dessin est fait dans des circonstances une fois pour toutes définies de matériel, de détente, dans le milieu scolaire habituel, les meilleures conditions sont réunies pour que le résultat soit scientifiquement valable.

Le thème suggéré « Dessine ta famille » nous fait connaître l'enfant et nous fait entrer dans son monde familial.

POURQUOI LE CHOIX DU DESSIN DE L'ENFANT DE 6 ANS?

1. Parce que la maturation nerveuse de l'enfant de 6 ans lui apporte, outre les possibilités d'analyse et de synthèse révélées dans ce dessin, la maîtrise graphomotrice qui lui permet d'en exprimer le résultat.

2. Parce qu'il est encore au stade de l'intelligence intuitive qui lui permet de saisir en bloc une situation qu'il sent, contrairement à l'enfant plus âgé qui rationalise d'avantage.

3. Parce qu'il se sert encore du dessin pour raconter, et pour raconter non ce qu'il voit mais ce qu'il sait (c'est ce qu'on essaie de définir par les termes de « réalisme intellectuel »), alors qu'après 7-8 ans, son objectif est la ressemblance photographique du modèle (« réalisme visuel »).

4. Parce qu'il se sert pour raconter d'un système de signes graphiques, véritable langage par l'image. La couleur contribue à cet effet expressif et aux nuances abstraites.

L'évolution du dessin chez l'enfant : le choix de l'âge de 6 ans

A 5 ans, l'enfant paraît avoir accompli « le premier tour de piste de la longue course vers la maturité » (A. Gesell, 1949 : 362).

Dans sa 6e année, les possibilités d'analyse et de synthèse de l'enfant qui observe, la maturité du geste graphique, de l'orientation dans l'espace lui permettent de maîtriser ce mode d'expression qu'est le dessin.

Planche I
L'évolution du dessin

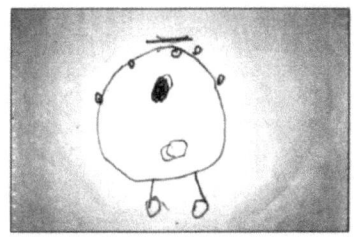
1

5

2

6

3

7

4

8

Il n'en est pas ainsi jusqu'à cet âge : « cette richesse originelle » que l'enfant possède, « une longue période de maturation est nécessaire à son actualisation », comme le dit G. Lapassade (1997 : 13). Il suffit, pour s'en rendre compte, de revoir l'évolution chez l'enfant du dessin de la figure humaine.

Après les premiers griffonnages et gribouillages, nous observons, vers 3-4 ans, l'apparition du bonhomme têtard, figure que le petit d'homme réalise dans tous les pays du monde à cet âge (Planche I, fig. 1). A ce cercle-visage muni d'appendices, bras et jambes, succède l'ébauche du tronc par l'allongement des membres inférieurs, cela vers 4-5 ans (fig. 2). Le personnage se complète dans sa structure, dans ses détails (visage, mains, éventuellement vêtements) se perfectionne dans son tracé, son orientation, encore un peu maladroits et vacillants (5 ans) (fig. 3). A 6 ans, le bonhomme est acquis, maîtrisé dans sa structure, son graphisme, sa situation dans l'espace de la feuille (fig. 4 et 5).

Mais alors, pensera-t-on, le résultat après 6 ans peut se trouver enrichi ?

Oui et non : la maturation perceptivo-motrice enrichit l'apport des détails, mais l'enfant de 7/8 ans entre dans l'âge social et le réalisme visuel propre à l'adulte apparaît. C'est un des signes du passage vers l'adolescence. L'enfant ne s'exprime plus par le dessin mais « par le verbe et l'action » (M.C. Debienne 1976 : 15). Ce passage est d'ailleurs interprété difficilement et diversement selon les auteurs, des modifications cérébrales significatives n'ayant pas encore été objectivées à cet âge, mais le changement est là.

Les enseignants des classes élémentaires auxquels j'avais demandé de me faire dessiner leurs familles par les élèves m'ont remis les œuvres des écoliers des différents niveaux. Au Cours Préparatoire (6/7 ans), le passage au réalisme visuel se fait sentir déjà pour quelques-uns. Au Cours Elémentaire, l'évolution s'accentue. A partir du Cours Moyen$_1$ (9/10 ans), c'est la représentation conventionnelle, la reproduction photographique idéale, le réalisme visuel caractérisé. La famille devient un alignement de personnages soigneusement représentés, enrichis de détails dans des couleurs conformes à la réalité. Bref, toutes les familles se ressemblent (fig. 6 et 7).

L'évaluation de l'âge mental

Précisons que, dans l'évaluation de l'âge mental du dessin, que nous aurons à faire systématiquement, la connaissance précise des divers stades de cette maturation intellectuelle est indispensable. La représentation de la figure humaine, du «bonhomme», en constitue un des tests très connus.

Or, nous retrouvons ce bonhomme dans nos dessins de la famille, reproduit à plusieurs exemplaires. Il est logique de faire cette évaluation sur l'exemplaire le mieux terminé, la fatigue de l'enfant pouvant altérer la représentation des exemplaires en série : cette fatigabilité est d'ailleurs un signe utile et fidèle, véritable signe clinique. Il arrive aussi que des enfants de type sensoriel, grands paysagistes, s'attardent à loisir sur la richesse du cadre, négligeant les personnages, tout juste ébauchés au terme de leur œuvre : cette façon de faire peut contribuer à éclairer leur personnalité.

Florence Goodenough, en 1926, a publié la technique et la cotation du dessin du bonhomme. Ce test, applicable de 3 à 13 ans 1/2 d'âge mental, tient compte des détails anatomiques, vestimentaires entre autres. Il est coté en mois et années de façon statistique de 0 à 52 points. On a objecté que l'échelle de Fl. Goodenough avait la sécheresse d'une analyse grammaticale, qu'elle favorisait les minutieux. Ce n'est pas exact. Il faut avoir lu le livre de Fl. Goodenough pour apprécier les nuances de ce test. Il suffit d'ailleurs de parcourir toute la cotation pour voir que le graphisme, le mouvement, par exemple, sont pris en compte donnant à chaque enfant sa chance. Nous pourrons le constater en particulier sur les dessins de la famille d'enfants fort intelligents... n'aimant pas dessiner.

Cette évaluation rapide est importante, car si chez un enfant affectivement épanoui, selon les termes de D. Widlöcher (1981 : 197), l'expression graphique sans problème correspond à sa maturité intellectuelle, chez un enfant perturbé apparaissent erreurs, anomalies, insuffisances, régressions confinant à l'immaturité.

Nous pourrons l'observer dans la représentation des personnages chez des enfants vivant des problèmes familiaux graves : le thème de la famille comporte en effet une forte connotation affective. C'est pourquoi il est prudent de parler de l'âge mental du dessin, régressif ou immature, parfois signe de dépistage de situation de danger.

Beaucoup plus rarement apparaît le dessin hypermature dans des conditions de souffrance affective majeure.

L'ENFANT DE 6 ANS ET SA CONNAISSANCE DE SA FAMILLE : SA COMMUNICATION PAR LE DESSIN

L'objet du dessin de l'enfant de 6 ans est ce que son intelligence intuitive l'amène à saisir : sa vision du monde, la vision globale des situations et des choses, ici la vision globale de sa situation familiale. L'acuité de l'évaluation nous étonnera. Mais, déjà à 2 ans, le cerveau de l'enfant n'atteint-il pas 70 % du développement à l'état adulte alors que le corps n'en est qu'à 20 %? A 6 ans (M. Manciaux *et al.*, 1984), il a atteint 90 % de son poids définitif.

L'enfant n'a pas encore abordé ce stade des 7 ans qu'Henri Wallon (1941) appelle le stade des opérations intellectuelles concrètes, qui est le début des sentiments moraux et sociaux de coopération et qui persiste jusque 11-12 ans. Ce stade voit disparaître cette utilisation originale du dessin. Redisons-le, cette transformation paraît avoir amené hypothèses et interprétations et être demeurée pleine d'interrogations.

A 6 ans, l'enfant raconte par le dessin ce qu'il sait : les choses sont représentées non pas en fonction de ce que l'enfant voit, de leur apparence visuelle, mais de ce qu'il sait d'elles. Son souci est de « signaler » : dans la perception qu'il a des éléments divers, il retient ce qui l'intéresse, et ce proportionnellement à l'importance qu'il lui attribue. Ce « réalisme intellectuel » (G.H. Luquet), que D. Widlöcher appelle « réalisme intentionnel », amène l'enfant à « représenter les choses non pas telles qu'elles sont mais à les figurer de la manière qui les rend le plus aisément identifiables » (1981 : 51). C'est une activité originale de l'esprit, une élaboration sous forme de sélection, et D. Widlöcher ajoute : « En accumulant les détails au mépris de la vraisemblance visuelle, l'enfant n'accentue pas le réalisme de son dessin, au contraire. Mais il augmente ce qu'on pourrait appeler la quantité d'informations que contient son dessin. Le dessin est donc bien l'équivalent du récit. Le langage par l'image remplace le langage par les mots mais le souci reste le même : informer, raconter ». C'est la figuration de cette représentation mentale, de ce « modèle interne » (G.H. Luquet, 1987 : 64) de sa famille que va nous apporter le dessin de l'enfant, c'est-à-dire la présentation commentée de sa famille.

Car notre connaissance de la situation familiale est immédiate, pour peu que nous fassions silence en nous pour porter toute notre attention au dessin. Alors qu'un récit doit être lu ou entendu jusqu'au bout et que la connaissance de la situation s'acquiert au fil du récit, au fil du temps, ici le jardin secret familial avec tous ses personnages s'éclaire aussitôt sous nos yeux dans la joie ou la tristesse.

L'enfant a réussi, il a réussi à nous transmettre en bloc ce qu'il possédait par son intelligence intuitive pour l'avoir appréhendé en bloc.

Il est intéressant de détailler les moyens d'une telle communication du message narratif par l'expressivité du dessin comme nous allons le faire.

Mais il est passionnant aussi d'observer en maternelle les enfants de 5/6 ans à l'œuvre : assemblés autour des tables et du matériel commun, ils sont absorbés par leur travail au point de ne même pas percevoir une présence étrangère. Il m'est arrivé à plusieurs reprises de les photographier sans même qu'ils lèvent les yeux (Planche I, fig. 8)

Un quart d'heure d'exécution environ et ils apportent le dessin à l'enseignante en lui désignant les éléments de leur œuvre : les personnages de leur famille, si c'est le cas. Pas de reprise, de rature, de surcharge : leur dessin les satisfait, ils ont dit ce qu'ils avaient à dire.

L'impression est tout à fait différente chez les enfants plus âgés, à partir du Cours Préparatoire déjà, gommant, raturant, recommençant alors qu'ils cherchent à reproduire le plus exactement possible l'apparence visuelle des personnes et des choses.

Le récit de l'enfant de 6 ans : sa forme, son sens

L'enfant de 6 ans dessine sa famille : l'enfant de 6 ans nous raconte sa famille. Et il va nous révéler ses relations affectives à son monde familial qui passent par l'image, ses «mouvements d'approche ou de retrait» par rapport aux êtres qui l'entourent, comme le dit D. Widlöcher (1981 : 129).

Et la réalité de cette représentation est frappante, confirmée par la connaissance accumulée de la famille acquise par d'autres voies : rencontre des parents, échange avec les enseignants, le service social, les confrères. Une figuration, incompréhensible à nos yeux, de la famille s'éclaire à son heure, parfois des années après — et c'est toujours le dessin qui avait, qui a raison.

La forme

L'enfant utilise un procédé qui est langage. «Son intention est de représenter l'objet absent et certains de ses caractères de la manière la plus lisible et qui lui soit la plus facile à réaliser» (*ibid.* : 79).

Dans ce langage par l'image, l'enfant ne garde de l'apparence visuelle que ce qui permet la reconnaissance de l'objet, le détail exemplaire (les traits verticaux sur la tête signifient cheveux, les traits verts juxtaposés sont l'herbe). Il schématise les objets représentés mais n'hésite pas à figurer ce qu'on ne voit pas (l'intérieur de la maison par exemple) ou à utiliser différents points de vue (tête de profil, corps de face).

Chaque enfant a son style et il le garde : de même que l'écriture est propre àchacun de nous, de même le dessin de chaque enfant lui est propre. Nous y reviendrons à propos de la personnalité.

Le sens

« Le pouvoir expressif des formes, le recours à des figurations symboliques » (*ibid.* : 94) vont introduire l'abstrait : « l'impression de force, d'harmonie, de chaleur, et aussi de violence, de tristesse et de douleur ».

Quels sont les éléments de cette expressivité ?

– le graphisme,
– l'utilisation de l'espace graphique,
– la structure du groupe familial,
– celle des personnages,
– la couleur.

Le graphisme tout d'abord.

La forme et le type des traits dessinés, fermes et maintenus ou courts et brisés, appuyés ou effleurés, droits ou sinueux, nous renseignent sur l'état émotionnel de l'enfant au moment où il dessine, nous renseignent sur sa personnalité, mais aussi sur les personnages représentés : il arrive, par exemple, que des traits durs et anguleux distinguent tout particulièrement un personnage.

L'utilisation de l'espace graphique est particulièrement suggestive de l'ambiance du milieu familial et de la relation que l'enfant noue avec lui : le dessin des personnages peut être harmonieusement centré ou écrasé au bas de la feuille. Il peut être désorienté, massé dans un coin, incliné comme refoulé par un vent trop fort. Il peut être rétracté ou éclaté dangereusement, éclaboussant la feuille de sa violence.

La place des personnages, leur structure sont les mots du message narratif. Il existe des places de choix dans le groupe familial qui se situe sur un, deux, très rarement trois rangs superposés en frise égyptienne dans le cas de famille très nombreuse : près de l'un des parents, entre eux, au milieu, au premier plan. Certains sont proches, se touchent, d'autres sont figurés à distance. D'autres enfin sont repoussés sur les côtés, expulsés vers le haut, certains sont oubliés, mais il arrive aussi que l'un ou l'autre soit relégué au verso de la feuille.

Leur ordre d'entrée en scène est plus difficilement identifiable sur dessin terminé et ne peut être détecté que s'il existe des superpositions graphiques, ou une fatigabilité de l'enfant au cours de l'œuvre.

Leur structure, leur taille, leur expression même varient selon le message.

Il existe des personnages sympathiquement importants, grands, ou tout simplement sympathiques. Il en est d'autres remarquables, d'autres repoussants, redoutables, terrifiants même, quand il s'ajoute à la figuration dysmorphisme et monstruosité. Les exemples en sont nombreux dans les situations familiales difficiles. Le dessin tout entier peut être marqué par ces altérations ou parfois seulement un ou deux personnages.

Reste enfin la régression uniforme de la structure des personnages, aboutissant à un défilé de personnages stéréotypés plus ou moins alarmants traduisant le blocage de l'enfant qui ne peut raconter, marqué par un épisode récent ou par l'atmosphère du milieu familial. Cette stéréotypie alarmante en raison de l'intensité affective qu'elle exprime se distingue d'une répétition de personnages pauvrement représentés, observée parfois dans des familles où l'apport culturel à l'enfant est plus qu'insuffisant ou dans des cas de débilité légère. La couleur peut aider à établir la différence. Nous y reviendrons.

La couleur

Elle est en effet un facteur essentiel de l'expressivité du dessin : elle teinte son récit et l'atmosphère familiale. Il existe effectivement un langage de la couleur, et les enfants l'utilisent : placés autour des tables, utilisant un matériel commun, ils ne choisissent pas les mêmes couleurs. Comment ne pas en être frappé ? Pouvoir des couleurs elles-mêmes, pouvoir de leur complémentarité ? Les couleurs n'ont elles pas fasciné Arthur Rimbaud ?

Le rouge exprime hostilité, violence, cruauté (bien qu'il soit la couleur préférée des tout jeunes enfants),

l'orange et le jaune sont des couleurs lumineuses et heureuses,

le noir suggère l'anxiété, la peur, un comportement dépressif, *le vert* signale une réaction d'opposition,

le violet, une situation de conflit,

le brun, la tristesse, l'inquiétude, le besoin de salir,

le bleu, le calme, l'harmonie.

Toute l'atmosphère familiale peut en être marquée, mais elle cible aussi certains personnages sympathiques ou odieux. Les dessins montreront la puissance et la nuance de ce langage (superposition, isolement, mélange des couleurs), illustreront son pouvoir expressif et son usage symbolique.

La personnalité de l'enfant de 6 ans dans le dessin de sa famille

Le dessin est un type d'écriture, a-t-il été dit et montré. Chaque enfant a son style de dessin et le garde, comme chaque adulte a son type d'écriture que les graphologues relient à la personnalité de l'auteur. De même, on peut dire que la personnalité de l'enfant se projette dans son dessin.

L'expressivité n'est pas seulement symbole narratif du moment (dans le graphisme, l'utilisation de l'espace graphique, le type des personnages et la couleur), mais elle est le reflet de cette personnalité.

La connaissance de chaque enfant confirme et vérifie la signification de ces éléments expressifs.

Le graphisme

C'est ainsi que chez l'enfant timide nous voyons apparaître le trait à peine marqué, flexueux, alors que l'enfant sûr de lui maintient fermement son trait appuyé. Nous en verrons de multiples exemples.

L'utilisation de l'espace graphique

est différente chez l'enfant expansif qui utilise largement sa feuille, en demande même une deuxième, et chez l'enfant qui manque de confiance en lui, et dont le dessin aux petits personnages occupe dans la feuille un espace réduit situé de façon variable.

Les personnages

varient : le rationnel les aligne logiquement, l'expéditif va rapidement à l'essentiel.

La couleur

est plus que jamais le moyen d'expression de l'enfant : teintes pâles des timides, flamboyantes des épanouis, neutres et opaques des indépendants, inexistantes... de ceux qui n'aiment pas dessiner et concluent très vite. Le dessin du sensoriel, éclatant de tons purs et lumineux, peut s'opposer au dessin du rationnel où le dessin presque géométrique l'emporte sur la couleur soigneusement appliquée.

La figuration narrative, enfin, est symbolique des relations affectives de l'enfant envers ce qui l'entoure.

Il est utile de comparer les dessins de la famille dans la fratrie, ce qui est possible alors que les enfants sont suivis sur plusieurs années et qu'on peut recueillir successivement leurs dessins à 6 ans. Le message narratif des frères et sœurs, placés dans le même contexte familial, est analogue, mais il peut être exprimé tout autrement selon la personnalité de chacun, selon sa vulnérabilité dans les situations difficiles.

Nous sommes amenés à tenir le plus grand compte de cet aspect et, face aux difficultés rencontrées par l'enfant, à moduler l'aide en fonction de sa personnalité.

Inconscient, Psychanalyse et Dessin de la famille

Il est certain que le dessin de la famille que nous avons recueilli et que nous commentons a valeur d'épreuve projective, il est certain que nous utilisons le symbole. Or, nous avons exclu de ce travail toute étude psychanalytique. Où en sommes-nous ?

Nous ne pouvons mieux faire que de nous référer à D. Widlöcher et à sa mise au point sur cette question (1981 : 105-106).

« L'enfant se projette dans le dessin, parce que nous pouvons, en regardant celui-ci, donner de l'enfant un certain portrait psychologique.

Pour plus de précision, il faut distinguer quatre plans différents dans l'expression des sentiments et du caractère par le dessin.

Le geste graphique, la manière dont l'enfant traite la surface blanche, le choix des formes et des couleurs, expriment certains éléments de son état émotionnel. C'est ce que nous appellerons la valeur expressive du dessin.

Le style général de la figuration révèle certaines dispositions fondamentales de la vision du monde de l'enfant et constitue donc sa valeur projective proprement dite.

Il nous révèle ses centres d'intérêt, ses soucis, ses goûts. C'est la valeur narrative du dessin.

Ces trois modes d'expression concernent sans doute des dimensions de sa personnalité qui ne lui sont pas connues, mais il les ignore, comme il ignore les mécanismes qui mettent en mouvement la main avec laquelle il dessine.

Le dessin révèle en outre des sentiments et des pensées inconscientes, au sens psychanalytique du mot, c'est-à-dire qu'elles échappent à la connaissance du sujet, non seulement par leur nature, mais parce qu'elles sont l'objet d'un véritable refoulement.

Ce quatrième point de vue doit être distingué des précédents. Selon les autres, l'enfant ne cache rien, ici, nous nous heurtons à des processus défensifs. Pour les contourner, nous devons tenir compte des associations de pensée de l'enfant qui, indirectement, nous permettent de déduire l'existence et la nature de thèmes inconscients.»

L'auteur ajoute (*ibid.* : 126) : «Ce registre ne dispose pas de procédés expressifs qui lui sont propres... Ce nouveau plan d'expression n'est donc pas distinct des précédents, il les implique et se superpose à eux», et très clairement (*ibid.* : 125). «Il serait inexact de confondre interprétation symbolique du dessin et interprétation psychanalytique. Cette dernière utilise l'interprétation symbolique mais n'en a pas le privilège.»

D'autre part, c'est en dialogue singulier avec l'enfant dessinant en sa présence que le psychanalyste peut œuvrer comme J. Boutonier le précise dans son livre (1953).

Ainsi, dans la pratique du Test dit de la famille, qui fut codifié en situation d'examen par M. Porot (1952), le clinicien recueille les commentaires de l'enfant pendant et après le dessin de sa propre famille avant d'en analyser le contenu. De nombreuses modalités de consigne existent : dessine une famille inventée, selon L. Corman (1964), dessine une famille, puis ta famille, toi avec ta maman, avec ton papa, les personnages en train de faire quelque chose... Et toujours : «Ce test est avant tout inclus dans un examen clinique..., repose sur une interprétation clinique utilisant certaines conceptions psychanalytiques» (D. Engelhart, 1990 : 119), comme le montre en particulier l'étude de M. Borelli-Vincent (1965).

Or, nous avons à notre disposition des dessins terminés et, comme le dit D. Widlöcher (1981 : 164), «les fantasmes inconscients ne sont pas présents dans le dessin de l'enfant, mais l'étaient seulement dans son esprit quand il dessinait».

Cette trace qu'est le dessin est trop souvent l'objet «d'extrapolations dangereuses» par les psychanalystes eux-mêmes (D. Widlöcher, *ibid.* : 139), «de conclusions hâtives et sans doute farfelues publiées par des analystes en mal d'interprétation» (M.C. Debienne, 1976 : 47).

Il s'agit trop souvent d'un décodage systématique, indiscret, sauvage... et ludique.

On comprend notre abstention qui est peut être rigueur et prudence, mais aussi discrétion et respect de l'enfant. Son dessin, reflet du moment, est confidence.

Le recueil des documents

LE RECUEIL DU DESSIN

Les dessins qui ont permis ce travail sont ceux d'enfants scolarisés en dernière année d'école maternelle, dans leur 6e année (c'est-à-dire d'enfants peu avant 6 ans ou de 6 ans depuis peu révolus). Ils étaient joints au dossier d'entrée au Cours Préparatoire en vue de la visite médicale préscolaire en présence des parents. Ils étaient accompagnés d'un commentaire de l'enseignant sur l'adaptation scolaire de l'enfant. Ces enfants m'étaient connus depuis leur entrée à 3 ans (ou après 3 ans) en maternelle.

Ces dessins ont tous été réalisés collectivement en classe. L'enseignante propose : «Maintenant, vous allez me dessiner votre famille». Elle leur en fait rapidement rappeler la composition.

Les enfants sont alors livrés, sans contrôle que ce soit, à leur élaboration personnelle : rassemblés autour des tables où ils dessinent habituellement, ils utilisent un matériel commun (feutres colorés) disposé en plusieurs exemplaires sur ces tables, selon le nombre des enfants (Planche I, fig. 8).

La durée du tracé, laissée à l'initiative des enfants, est d'environ 1/4 d'heure pendant lequel ils sont silencieux, absolument immergés dans la production de leur œuvre. Le dessin terminé, l'écolier l'apporte à la maîtresse qui inscrit le nom des personnages sous sa dictée, ajoute, le cas échéant, une remarque de l'enfant.

Le dessin de la famille est couramment demandé à l'écolier de maternelle (une fois par an dans chaque classe, parfois plus souvent). Il arrive qu'il soit réalisé également au Cours Préparatoire. J'en ai fait la demande à plusieurs reprises dans un but de suivi de certains enfants, la classe entière réalisant alors le dessin.

LA CONSTITUTION DU DOSSIER

Chacun des dessins recueillis est accompagné d'une étude de l'enfant au long de son parcours scolaire : examen médical à l'entrée en maternelle et suivi annuel, examen médical à 6 ans avant l'entrée au Cours Préparatoire et suivi annuel pendant la scolarité élémentaire.

Le bilan médical à 6 ans se fait (comme à l'entrée en maternelle) en présence des parents. Cet examen inclut le repère du développement à 6 ans (dessin du bonhomme, niveau grapho-perceptif, niveau grapho-moteur, latéralisation, rythmes auditifs, articulations verbales). C'est ce qui sera parfois mentionné sous le terme de test de maturation.

La connaissance de l'enfant repose sur sa rencontre lors de l'examen médical répété annuellement tout au long de sa scolarité maternelle puis élémentaire, et aussi sur la rencontre de son enseignant qui commente la scolarité en cours. Des compléments socio-familiaux sont éventuellement apportés aux éléments de départ. Les parents peuvent être rencontrés. Des échanges se font aussi avec les confrères, le service social, le psychologue scolaire, s'il y a lieu.

Notons que le quotient intellectuel de l'enfant sera parfois mentionné dans la présentation de son observation. Le psychologue scolaire qui l'établit utilise généralement le WISPP (Wechsler Intelligence Scale for the Preschool Period) entre 4 et 6 ans et le WISC (Wechsler Intelligence Scale for Children) à partir de 6 ans.

Il s'agit là naturellement d'une documentation demeurée strictement confidentielle et bénéficiant de l'anonymat.

L'abord du dessin de la famille : son écoute, son étude

LA MÉTHODE D'ÉTUDE DES DESSINS

Chaque dessin demande, dans un premier temps, un moment d'attention profonde et globale, de contemplation même, pendant que se découvre sous nos yeux le monde familial, que se dévoile la personne de l'enfant.

Le message passe en effet pour qui l'écoute : tableau familial agréable ou préoccupant, joyeux ou triste. La douleur de l'enfant y passe comme sa joie et aussi son anxiété et même sa frayeur. L'enfant lui-même surgit du dessin, vif ou emprunté, expéditif ou minutieux, audacieux et communicatif ou timide, fantaisiste ou logique...

Pas de décodage précipité, véritable irruption dans un jardin secret qu'il faut prendre le temps de regarder. Pas de commentaire psychanalytique sur un dessin terminé, simple trace d'un moment où les pensées de l'enfant dessinant nous demeurent étrangères.

Puis, dans un second temps, la lecture du dessin dans son expressivité, par la richesse de son langage symbolique, va nous détailler l'histoire de la famille. La personne de l'enfant qui raconte va se préciser sous nos yeux.

Deux points essentiels méritent encore d'être soulignés :
– le dessin de l'enfant est le reflet du moment ;
– le dessin de l'enfant est confidence, répétons-le, et doit être utilisé avec discrétion.

Les illustrations présentées dans cet ouvrage ont été sélectionnées à partir de plus de 900 dessins.

Des exemples de ces dessins illustreront tout d'abord la présentation des personnages du monde familial : père, mère, frères et sœurs, grands-parents. Puis, ils en éclaireront les diverses situations et difficultés dans leur réalité vécue : discorde, carence, tyrannie, psychopathie parentales et aussi l'alcoolisme parental, la violence familiale, la maltraitance. La famille blessée par la maladie, la mort, la guerre, l'exil, se voit également figurée. L'univers des cultures est illustré.

Un retour à l'enfant auteur du dessin retiendra notre attention. La profondeur de son intelligence intuitive, l'étendue de ses capacités mentales nous seront apparues au cours de l'étude de son évaluation familiale, dans une expression teintée par sa personnalité. Il y a plus. Trois signes d'une vulnérabilité trop souvent méconnue peuvent être relevés dans le dessin de sa famille : la stéréotypie dans la figuration des personnages, l'hypermaturité du dessin, enfin, le message du dessin chez nombre d'enfants obèses.

Des problèmes de notre temps en seront peut-être éclairés.

Un retour aux parents nous amènera à souligner la lourde charge qui est la leur, la responsabilité qui leur incombe et complètera notre réflexion.

QUELQUES EXEMPLES DE L'ÉCOUTE DU MESSAGE : LA VISUALISATION DE L'AMBIANCE FAMILIALE

La famille regroupe des individus divers sous le même toit : la personnalité des parents crée l'ambiance, celle des enfants y contribue. Les situations et événements variés influent également sur cette ambiance. Le dessin de l'enfant de 6 ans la visualise et c'est dans les premiers instants d'observation, de contemplation, que le message passe dans sa globalité : la famille nous apparaît et nous y entrons.

Le dessin de S. nous présente un groupe de quatre personnages harmonieusement centré, agréable à regarder : parents et enfants calmement tracés sont sympathiques et ouverts dans leur expression. Il s'y ajoute la variété lumineuse des couleurs soigneusement appliquées (Planche II, fig. 1).

Un séisme semble avoir ébranlé le monde familial de L. : personnages déséquilibrés et peu avenants, couleurs grinçantes, tracé agité, obsessionnel par endroits, désorienté. Le soleil même est sévère. Les parents de cet enfant intelligent et timide ont divorcé, la fratrie a été divisée entre père et mère puis est survenue une recomposition familiale (fig. 5).

Pourquoi sommes-nous frappés par la tendresse qui émane du dessin de la famille de T.? Le ciel est un ciel de printemps. Les figures sont attachantes, les deux petits garçons comme la petite fille sont charmants.

Planche II
L'ambiance familiale

Le geste graphique est pur dans son tracé et presque tendre lui aussi, comme le choix des couleurs où le bleu domine (fig. 2).

Chez E., le dessin est hérissé, de couleurs violentes, presque répulsif. Le couple parental est seul reconnaissable : le père central et redoutable dans sa structure, la mère nettement moins importante, rouge mais présente. Les enfants sont réduits à l'état de symboles, refoulés latéralement. Alcoolisme parental et violence (fig. 6).

L. nous trace une sympathique présentation, remarquablement menée, et centre son dessin sur la maison ouverte et gaie. La disposition périphérique des personnages souriants est parfaitement équilibrée et la figuration avivée par la variété des couleurs (fig. 3).

La maison de S. est bien vide malgré sa fumée jaune, seule tache claire dans ce paysage désert et triste. Elle sépare les parents, le père qui esquisse un geste d'adieu, la mère en rouge, des deux petits en noir.
La mère est au foyer et garde deux enfants. Les enfants «mangent froid» le soir, S. a les yeux irrités (la télévision est sa grande distraction). Carence parentale (fig. 7).

Chez C., l'environnement, la couleur sont rois dans ce dessin sensoriel, chaleureux et joyeux de la famille près de l'arbre, parmi les fleurs et les brins d'herbe (fig. 4).

Hallucination ou représentation familiale ?
Une seule couleur, le noir, pour ce défilé de personnages de cauchemar que trace G. Situation de tyrannie parentale (fig. 8).

Les membres de la famille

Père, mère, enfants, grands parents parfois... Les acteurs apparaissent dans leurs rôles respectifs et sous des aspects variés dans cette famille contemporaine dite post-moderne. Il est utile d'observer de plus près les différents personnages avant de les retrouver confrontés aux situations diverses, problèmes et crises.

Nous allons rencontrer

Le Père   La Fratrie
La Mère   Les Jumeaux
l'Enfant   L'Enfant Unique
Les Grands Parents

LE PÈRE

L'image, le rôle du père ont évolué alors que se modifiait le statut de la femme, que se promulguaient les droits des enfants.

Des esprits chagrins le voient dans la famille contemporaine bousculé, dépouillé de ses prérogatives constitutionnelles et juridiques, dévalué, désorienté. Cela parce qu'au concept de la puissance paternelle ont succédé le concept d'autorité parentale en 1970, puis celui de responsabilité parentale : l'accent est mis sur les devoirs des parents, l'intérêt de l'enfant devant en être le fondement et la finalité. Ainsi, dit-on, la Convention de l'ONU sur les droits de l'enfant de 1989 ajouterait encore des difficultés à ce nouveau rôle de père et ne ferait qu'accentuer l'immixion de l'Etat dans la vie privée.

N'est-ce pas méconnaître les conséquences positives que peut amener ce « paternalisme d'état » : réflexion et action commune du couple, attention à l'enfant ?

Cela d'autant plus qu'en réalité, le père reste, dans la famille contemporaine, le personnage important « membre du couple, garant de la famille unie, principal pourvoyeur de revenus » (F. de Singly, 1996 :

Planche III
Le père

1. Père joyeux et important par sa situation centrale, sa taille, sa couleur, dans une famille généreusement colorée.

2. Harmonie, sourire, attachement mutuel des personnages et geste particulier de tendresse du père qui s'incline vers son fils, auteur du dessin.

3. Le père (au centre) est imaginaire, l'enfant à gauche est mélancolique. (On peut noter la fatigabilité dans le dessin chez un gaucher ayant œuvré de droite à gauche.)

4. La figure gigantesque du père éclatant en rose vif, rouge et bleu, aux yeux grand ouverts, surprend et effraie quelque peu malgré son sourire. Les trois enfants et la mère l'encadrent.
Le père de F. est grand sportif, ce que F. n'est pas (on le voit abrité sous le bras de D.). Il préfère les bonbons prodigués par la maman charmante en robe à fleurs.

5. Dessin à la fois pâle et sombre, marqué par la figure noire du père grand alcoolique. D., toujours un peu apeurée, concentre difficilement son attention en classe.

6. Le père nouveau (le troisième) est arrivé : recomposition familiale et recul de l'enfant devant l'intrusion de l'énorme personnage rouge et vert qu'il craint effectivement.

7. « Pas envie de dessiner mon papa », a commenté l'enfant.
L'expression des personnages est bien mélancolique : reflet du moment ? Souci permanent ?

8. Les personnages sont démesurés. Au coin inférieur droit, la figure énorme et noire du père presque animale avec ses oreilles, ses deux yeux minuscules et jaunes nous frappe. Seul l'équilibre le tracé du bébé. Il faut chercher la mère au coin inférieur gauche, souriante mais relativement sombre, marron et rouge. J.M. est absent.
Cet enfant timide, vulnérable, bégaie, inhibé par l'autorité éducative toute puissante du père.

LES MEMBRES DE LA FAMILLE

179). Il doit savoir, ajoute l'auteur, assurer le réconfort, donner du temps, tenir ses promesses, exercer «une autorité non autoritaire».

La mise en pratique de ce programme, vaste et complexe, a pu déjà se faire dans un passé récent grâce à l'allègement de la journée de travail, aux loisirs hebdomadaires, aux congés annuels. Elle se réalise dans la complémentarité du couple. Certes, le père et la mère ont des zones d'influence respectives dont on aurait tendance à chiffrer les superficies alors qu'il s'agit d'une équipe. Il s'agit d'une équipe de deux personnes de sexe différent, de deux personnalités différentes non pas hiérarchisées mais complémentaires, richesse irremplaçable pour l'enfant dont c'est la première socialisation.

L'enfant dans son dessin sait très bien exprimer le rôle, l'influence, la personnalité de chacun.

D'autre part, aspirations, mises en pratique sont individuelles. Il n'y a pas deux pères semblables, pas plus que deux individus semblables. D'où la variété dans l'investissement, la façon de s'y prendre et le résultat. Dans le dessin (Planche III), le père nous apparaît sous des visages divers, des dimensions et des couleurs variées, toujours très suggestives de la place qu'il occupe dans la famille. Il se trouve parfois relégué derrière la feuille, parfois absent, mais alors pour une raison bien précise. Ces dessins nous illustrent l'éventail des comportements paternels et ils sont multiples.

Ainsi,

– le père peut jouer au ballon avec l'enfant, ou l'emmener assister au match de football, deux façons de faire, certains pratiquent l'alternance, troisième façon de faire,

– il peut choisir de regarder la télévision avec l'enfant, cibler son propre programme, discuter de l'émission présentée, ou dormir,

– il peut s'intéresser à la vie scolaire — le métier de l'enfant —, à ce qu'il vient d'apprendre, écouter son récit des événements du jour ou y rester étranger,

– il peut, lui aussi, raconter sa journée, parler en famille des problèmes actuels, animer les repas ou laisser la télévision les animer,

– il peut ou non prendre part active aux tâches familiales, à la vie familiale, prévoir une promenade le dimanche, éviter les couchers de l'enfant irréguliers ou trop tardifs...

Ce sont là des exemples très pratiques dont la vie de l'écolier est tissée.

À travers tous ces moments de loisirs ou de travail partagés, l'enfant découvre son père : le père, dont le temps professionnel compte, mais aussi le père qui sait — ou non — rassurer, égayer, stimuler.

Epanouissement de l'enfant, construction de son identité certes, mais quel est l'objectif final ? Le résultat n'est-il pas l'adulte ?

De toute façon, l'exemple du comportement du père marquera l'enfant. A. Michel (1972 : 98) insiste sur l'importance «des rôles plus que des discours pour transmettre les valeurs aux enfants et aux jeunes (théorie du role modeling)» — lourde responsabilité. Et on comprend le rappel à l'ordre par l'usage de ce terme de «responsabilité familiale». La Convention des Droits de l'Enfant l'utilise dans l'intérêt même de l'enfant.

LA MÈRE

La relation de la mère et du jeune enfant dans sa force et sa particularité n'est guère envisagée par les sociologues. Ce qui focalise leur attention, c'est l'évolution de la femme dans la société, la femme maîtresse de sa fécondité, la femme et l'exercice de son activité professionnelle qui la situe sur le même plan que l'homme. Et leur intérêt se porte sur la façon dont elle assume son rôle maternel et professionnel dans ces nouvelles conditions.

La femme est certes devenue maîtresse de sa fécondité grâce aux méthodes contraceptives, mais en principe seulement, puisqu'on dénombre encore 230.000 IVG par an en France, dont 22% de récidives (*Le Monde*, 12 février 2000). La procréation est devenue en général un acte programmé et les familles de deux enfants paraissent actuellement être majoritaires.

Les activités de la femme se sont modifiées mais la situation de femme au foyer concerne encore une partie notable de la population féminine, surtout dans le contexte de chômage actuel. Ce travail gratuit de la femme, de la mère au foyer a toujours été sous-évalué, non reconnu, et coexiste avec un état de dépendance financière.

Le travail extérieur salarié de la femme modifie cette dépendance, amène la valorisation de soi certes (j'ajouterai : l'intérêt des contacts extérieurs), mais aussi la «double journée» puisque la femme continue à accomplir la plus grande partie du travail ménager et des soins aux enfants.

Planche IV
La mère

1. L. a figuré très en détail et à loisir la jolie maman pleine de finesse et d'élégance, passant bien plus rapidement sur les autres personnages.

2. Dans ce dessin tranquille et mûr chaleureusement coloré, la mère occupe une place considérable, correspondant à ses dimensions, réelles certes, mais aussi à son intelligente générosité.

3. La maman est le personnage central, un peu étrange, en mouvement, semble-t-il, en raison des pseudopodes qui prolongent bras et jambes.
Sur elle repose effectivement le sort d'une très nombreuse famille et le souci de l'alcoolisme du conjoint, invalide, au foyer (à droite). (Un nuage semble planer sur la scène.)
« Hier soir, raconte l'enfant en arrivant le matin à l'école, papa a commencé à tout casser, mais ça n'a pas duré longtemps... Maman a appelé la police et ils l'ont emmené. »
Dernière de la fratrie, elle a choisi de représenter à gauche son neveu et compagnon de jeux.

4. Le dessin éclate de couleur dans cette frise somptueuse à la gloire de la mère à droite, dont les trois petites sont les répliques. Dans un espace restreint à gauche, la forme longiligne du père qui, hormis son visage aux yeux étoilés, ne se voit guère détaillé.

5. Recto : la scène représente, détaillé et coloré à loisir, l'auteur du dessin, que les autres membres de la famille semblent contempler. La tête est jaune et énorme (il a beaucoup de mal à enfiler ses pull-overs...), la bouche souriante, l'œil vif.

6. Verso : la mère qui accable P. de recommandations perpétuelles a été expulsée au verso de la feuille.

7. Dans ce dessin très régressif, la mère qui maltraite les trois enfants a pris la forme d'un gnome rouge et noir. Le personnage important situé à gauche est la grande sœur, ornée de guirlandes. Le père est un têtard marron et vert. Elle même est le petit personnage tassé au coin inférieur droit.

8. Le dessin de S. est peuplé de figures dysmorphiques représentant les quatre enfants. La mère est le personnage le plus important du dessin. Elle utilise des méthodes éducatives contraignantes (martinet) et fait partie d'une secte. Le père a quitté les lieux depuis près d'un an. L'enfant, intelligente et pensive, s'isole et traverse des périodes de mutisme.

LES MEMBRES DE LA FAMILLE   37

1

5

2

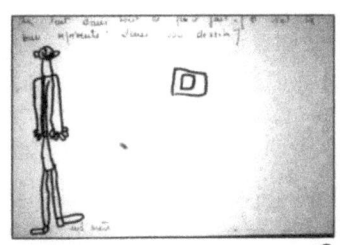
6

3

7

4

8

Le lien mère-enfant, parfois qualifié de fusion mère-enfant, a été étudié sous bien des aspects, tant psychologiques que psychanalytiques. En fait, cette dite fusion n'est autre que l'état de dépendance de l'enfant nouveau-né à sa mère qui en principe le nourrit. De plus, le petit d'homme naît non terminé. Marche, langage ne s'acquièrent que lentement, progressivement, pendant que se poursuit la maturation du système nerveux. Ce long apprentissage est, dit-on, la rançon de la richesse des acquisitions et du développement des potentialités humaines.

L'enfant qui marche, parle, ne possède pas encore l'évaluation du risque et il demeure une charge pour ses géniteurs. La mère assume, plus ou moins facilement et souvent seule, ce lourd rôle de protection, d'accompagnement, d'instruction et d'éducation jusqu'à l'entrée en maternelle qui soulage du fardeau plusieurs heures par jour.

La relation enfant-mère. L'enfant considère comme « normale » la présence permanente de la mère au foyer, présence qu'il apprécie, soulignons-le, mais qui effectivement n'est pas valorisée à ses yeux.

« Que fait ta maman ? » — « Elle ne fait rien », répond l'élève de Cours Moyen$_2$. Des précisions étant demandées, sa mère, dit-il, n'arrête pas (de travailler) du matin au soir à la maison. Il est abusif de réserver le terme de « femme active » aux mères exerçant une activité extérieure au foyer. De plus, dans certaines familles, l'aide des filles, de la fille aînée même très jeune, est déjà mise en place et le conseil de faire partager la besogne par les garçons n'est pas inutile, ni d'ailleurs mal reçu.

Les enfants dont la mère exerce une activité professionnelle extérieure passent souvent une bonne partie de la journée hors de la maison, surtout si les parents partent tôt, rentrent tard. Il arrive qu'ils se montrent particulièrement tyranniques envers leur mère quand ils l'ont à leur portée lors d'une rencontre médico-scolaire. Les mères culpabilisent bien souvent, parfois jusqu'aux larmes, et ont besoin d'être rassurées. Certaines disent : « Il ne m'a pas toute la journée, alors je lui donne ce qu'il veut ».

La relation mère-enfant. L'enfant est l'objet de l'attention bienveillante, sécurisante de la mère, comme bien des dessins heureux, paisibles, gais, pleins d'humour nous le montrent. La figuration de la mère nous présente un personnage attractif, chaleureux... parfois l'inverse. Car, si l'enfant est en principe voulu, désiré, si on lui parle quand il séjourne *in utero*, il devient, lorsqu'il est là et plus souvent qu'on ne voudrait, le gêneur, gêneur dans les sorties, gêneur par ses maladies, par sa présence même. Certaines futures mères de famille provoquent la stupéfaction de leur gynécologue en se plaignant déjà amèrement, lors d'une grossesse enfin obtenue après une longue période de stérilité, des mouvements intempestifs à horaires variables du fœtus.

L'attention de la mère à l'intérêt de l'enfant, à ses besoins, demande une connaissance de ces besoins, malheureusement inégalement répandue : l'information dans ce domaine est insuffisante. Cette attention à l'enfant implique aussi que soient satisfaits prioritairement ses besoins plutôt que les propres désirs de la mère elle-même. Et c'est là une œuvre de longue haleine qui d'ailleurs concerne les deux parents. Nous y reviendrons.

Que nous apporte l'observation des dessins de nos petits écoliers ? Toujours cette diversité selon les cas et les personnages. C'est généralement une place de choix de figurer à côté de la mère comme du père, mère chaleureuse, rassurante. Des représentations moins agréables de la mère, impatiente, redoutable, déprimée, inexistante..., existent aussi, des absences, des rejets derrière la feuille. La relation de l'enfant à sa mère peut le faire comprendre. L'étude des problèmes et crises de la famille nous fournira des exemples de cette relation.

L'ENFANT

Les travaux des psychologues, médecins, enseignants, chercheurs ont amené, depuis le début du XXe siècle, une véritable mise en lumière de l'enfant, de ses acquisitions, de son évolution par l'attention qui lui a été portée et aussi par les mesures d'hygiène et de prévention dont il a été l'objet. Car au XIXe siècle encore, à côté des soins attentifs pratiqués dans certaines familles, le « commerce des nourrices » aux dépens de leur propre enfant, le manque d'hygiène dans les conditions de vie des nourrissons décrites par A.T. Brochard en 1866 nous épouvantent encore (P. Strauss et M. Manciaux, 1982 : 14).

Les sociologues se sont surtout intéressés au couple parental. L'enfant dans la famille est envisagé par quelques auteurs mais l'intérêt se porte le plus souvent sur le pré-adolescent ou l'adolescent. L'enfant au-dessous de 7 ans, en pleine construction, et même l'enfant de 7 à 10 ans sont rarement pris en compte ou alors de façon très rapide. L'ouvrage même de l'historien Ph. Ariès : *L'enfant et la vie familiale sous l'ancien régime* (1973), remarquablement documenté et passionnant, traite plus du comportement de l'adulte envers l'enfant que de l'enfant lui même.

L'enfant personne sociale semble encore à découvrir. Molière dénonçait déjà le fait à propos de la petite Louison du *Malade Imaginaire* : « La petite ne compte pas ». J'en ai eu l'équivalent lors de mes rencontres avec les parents, les critiques du conjoint, de la conjointe se faisant en présence de l'enfant considéré comme sourd et aveugle, je dirais même anencéphale. Devant ma mise en garde, la réponse était : « Oh ! Cela ne le touche pas ».

Nous laisserons donc l'enfant de 6 ans présenter son monde familial et nous reviendrons à lui, auteur de ces œuvres, plus loin.

LA FRATRIE

La fratrie est une société en modèle réduit, pourrait-on dire. Elle existe dans toute sa diversité dans le nombre des individus, le sexe, avec ses liens d'affinité, ses antagonismes parfois aigus, son bonheur et aussi ses malheurs. Tous ces aspects, toutes ces nuances passent dans le message que nous délivre l'enfant (Planches V et VI).

Le plus souvent, l'image familiale de la fratrie dans le dessin est celle, rassurante, d'un rassemblement d'individus divers encadrés par ou encadrant les parents. Elle peut peupler la feuille entière sur deux et même trois niveaux si elle est très nombreuse.

– **Les affinités** se signalent par un rapprochement dans l'espace de la famille, parfois par la figuration par exemple de deux sœurs sur une feuille supplémentaire.

– La sœur aînée peut croître en **importance relative** par la taille, la qualité de la représentation aux dépens de la mère. Il en est ainsi dans le dessin d'A. (Planche IV, fig. 7) où la mère maltraitante frappe par son allure maléfique et où la sœur, de 4 ans l'aînée, est ornée de couleurs et de bijoux. Dans le cas de carence parentale (Planche X), les parents peuvent être absents du dessin, la grande sœur être le personnage principal autour duquel se pressent les plus jeunes.

Les antagonismes sont parfois criants. « Les deux filles ne s'entendent pas (m'a dit une mère). Est-ce que cela peut se voir sur le dessin ? » Je le lui ai montré (Planche V, fig. 6). L'antagonisme de deux frères était connu. L'un des deux, dans son dessin de la famille à 6 ans, a évacué l'ennemi au verso de la feuille.

Le cas est relativement fréquent dans les familles recomposées : souvent, le petit demi-frère ou la petite demi-sœur apparaît sur le dessin comme quantité négligeable, en taille, en figuration et en couleur. Ceci se passe aussi bien dans le cas de la présence d'un beau-père au foyer où vit l'enfant que celui d'une belle-mère chez le père que l'enfant voit épisodiquement. Les demi-frères plus âgés figurent rarement sur le dessin. Ces éléments tendraient à dissiper l'euphorie dans laquelle baignent les adultes quant au bien être des enfants dans les familles où le lien conjugal a été rompu et remplacé.

– A propos de ces **valorisations et dévalorisations** dans la fratrie, une circonstance mérite d'être exposée : celle du dessin des filles dans les familles où culturellement l'homme occupe le devant de la scène. Il arrive en effet que les frères soient éliminés du dessin, seul le père y figurant encore, qu'il n'y ait qu'un frère symbolique représenté, que la composante féminine soit dessinée et ornée à loisir, que toute la partie masculine soit éliminée, ou que le père existe encore seul mais relégué au verso de la feuille.

– **L'agrandissement de la fratrie** par l'arrivée d'un petit frère ou d'une petite sœur est une étape que l'enfant doit franchir : cela ne lui est pas toujours facile, ni d'ailleurs facilité.

On a pris l'habitude de lui parler très tôt, très longuement de cet événement heureux : arrive le bébé et le voici focalisant l'attention et aussi prenant le temps de la mère en raison des soins qu'il nécessite, soins auxquels se joint l'aide du père. Le plus souvent, on ne pense pas à demander l'aide de l'enfant. Faut-il s'étonner de sa tristesse, de sa surprise, de sa réaction devant l'objet qui encombre tout le monde, de son inquiétude en un mot. Car il n'est pas jaloux, il est anxieux. Existe-t-il encore ?

Les dessins exprimant cette inquiétude, cette tristesse, cette déstabilisation même, sont nombreux : ils servent d'ailleurs à éclairer les parents sur un comportement qu'ils ne comprennent pas. « Il ne travaille pas en classe. J'ai dit à la maîtresse de le secouer » (j'ai aussi entendu « de lui taper dessus »).

Ne généralisons pas : les récits heureux existent où la maman est représentée au centre de la feuille portant le bébé dans ses bras.

Enfin, il est intéressant de voir, dans le suivi des dessins de la famille entre 5 et 7 ans, le dernier arrivé occuper une place de choix (entre les parents en particulier), puis reprendre sa place au sein de la fratrie dans le groupe familial au fil des ans.

Planche V
La fratrie

1. Dynamisme souriant, joyeuse famille nombreuse dans le dessin de S., fermement expansif qui figure sur trois rangs superposés une famille fort sympathique. Les parents sont les personnages les plus importants. La relation taille/âge est observée chez les quatre enfants, de la sœur aînée au petit dernier, en équilibre au sommet de la pyramide.

2. Famille chaleureusement figurée dans le graphisme et les couleurs chez N. où les parents encadrent les enfants.

A. *Les relations dans la fratrie*

3 et 4. V. a choisi de se représenter sur une feuille supplémentaire avec sa sœur aînée (elle-même est la dernière née), sans pour cela négliger de représenter les autres membres de la famille, sœurs, frères, sur une autre feuille.

5. F., dans ce dessin perturbé et régressif de sa famille (à laquelle il ajoute un copain), a mis au premier plan le personnage rouge, vert et barbouillé de celui de ses trois frères avec lequel il ne s'entend pas.
Cet antagonisme nous avait été signalé par le centre de vacances également. Cet enfant intelligent et attentif est obèse.

6. C., dans un dessin mûr et minutieux, se représente joliment habillée à l'image de sa mère et réduit au minimum sa sœur, la dernière à droite... Elle dessine aussi le berceau du bébé, objet de ses rêves...
La mère soupire en parlant de l'antagonisme des sœurs.

7. A. trace une figure diabolique de sa petite sœur rouge, verte, grimaçante et agressive, petite sœur dont elle doit souvent s'occuper ! Les parents sont ébauchés, elle même n'est pas représentée.

8. Les couleurs sont belles dans le dessin de K. où la fillette s'est située au centre. Le seul élément masculin est le père. Les deux frères sont éliminés. Seule la population féminine, dont le bébé, figure.
La mère, fatiguée, se fait aider par ses filles. « Et les frères ? » — « Oh ! C'est mieux si les garçons travaillent bien ».

LES MEMBRES DE LA FAMILLE 43

Planche VI
La fratrie (suite)

B. *L'arrivée du bébé*

1. Dans son dessin solidement figuré et même solidement coloré pourrait-on dire, A. protège de toute sa carrure, du haut de ses 6 ans, le petit frère à ses côtés charmant et remarquablement représenté.

2. Dans sa présentation dynamique, J. se dessine avec ses parents, et fort joliment sa tortue et son chien, avant d'esquisser enfin dans le coin inférieur droit une petite sœur minuscule.

3. Chez C., les personnages sont réduits, le dessin déplacé vers la partie supérieure de la feuille. C. est au centre joliment terminée (à peine ose-t-elle se nommer). La mère semble n'avoir d'attention que pour la petite sœur verte et marron. Le père violet et vert paraît redoutable.
En classe, au CP, c'est le passage à vide (ceci s'était déjà produit pour le frère aîné dans les mêmes circonstances). Au père venu voir l'institutrice «pour qu'elle secoue son élève», il a été possible d'expliquer l'inquiétude et la nostalgie de la petite qu'il se devait de rassurer.

4. Le dessin de Ch. est bien pâle et schématique, le marron et le vert dominent. Sa propre figuration n'a rien de réjouissant. Il s'agit d'une recomposition familiale. Le beau-père est présent et, dans un coin très loin de Ch., le très petit demi-frère tout neuf. Le passage à vide en classe s'est prolongé et il a fallu toute l'attention du maître pour y remédier.

C. *Les jumeaux*

5 et 6. N. et S. sont de vrais jumeaux. Comme on le voit, leur dessin ont une certaine analogie, sans plus, et leurs personnalités diffèrent.

7 et 8. V. et C. sont de fausses jumelles. On ne s'étonnera pas de voir des dessins différents de leur famille.

LES MEMBRES DE LA FAMILLE 45

LES JUMEAUX

C'est dans la fratrie un cas particulier : les jumeaux hétérozygotes ont eu la proximité *in utero*, les jumeaux homozygotes sont des clones : ils continuent à nous fasciner.

Les dessins de la famille des jumeaux homo ou hétérozygotes (Planche VI, fig. 5 à 8) sont le plus souvent dissemblables, au plus vaguement ressemblants. Certes, l'environnement familial est commun, mais le choix des possibilités qui sont données au départ est infini. Ce choix amène inévitablement des variantes individuelles. C'est ce que R. Zazzo (1960) appelle «l'individuation psychologique». Malgré les similitudes de certains rythmes électro-encéphalographiques chez des jumeaux homozygotes, leurs tracés dessinent des courbes différentes en réponse à certaines réactions spécifiques (F. Lepage, 1980).

Le désagrément pour les jumeaux est leur comparaison continuelle par l'entourage non familial, et cette comparaison, déjà difficile à supporter par les intéressés quand elle est faite dans une fratrie courante, est lourde pour les jumeaux.

Ils suivent ou subissent aussi l'évolution ou la déstructuration familiale.

L'ENFANT UNIQUE

La fratrie est absente mais le message recoupe celui de l'enfant avec ses frères et sœurs : histoire paisible, joyeuse ou préoccupante (Planche VII, fig. 1 à 6).

L'enfant est encadré par les parents ou se situe latéralement. Le déséquilibre apparaît quand le nombre des figures se réduit à deux (famille monoparentale par disparition d'un parent, ou séparation du couple). Très souvent, l'enfant comble ce vide et fait figurer l'absent.

D'autre part, l'enfant unique semble aspirer à peupler son dessin. On y voit parfois apparaître les grands-parents, ce qui est rarissime dans les autres cas, sauf circonstance particulière comme nous le verrons. Il y ajoute copains et copines, cousins et cousines, divers membres de la parenté. Il y ajoute les animaux familiers qui occupent son univers (chien, oiseau, poisson rouge...), ce qui est beaucoup plus rare dans le cas des fratries.

Un autre exemple du dessin de l'enfant unique nous sera apporté par des enfants chinois de 6 ans. Ces dessins ont été recueillis dans une classe à Shanghaï dans les mêmes conditions (*cf.* le chapitre cultures et la planche XXI).

LES GRANDS-PARENTS

Ils ne vivent généralement pas au domicile de l'enfant et ils ne figurent pas sur le dessin de sa famille sauf circonstance particulière (Planche VII, fig. 7 et 8) :

– L'enfant unique, par exemple, peuple son univers et peut représenter ses grands parents, sa grand-mère en particulier en cas de proximité de lieu de séjour ou cohabitation.

– L'enfant que des parents ont abandonné se retrouve au foyer de ses grands-parents qu'il place alors dans son dessin.

– La séparation des parents, la recomposition familiale amènent l'enfant à se rapprocher de figures stables dans un univers en mouvance, ou à combler le vide dans le cas des familles monoparentales, et à représenter les grands-parents.

– Il arrive aussi que l'enfant immigré, plein de la nostalgie du pays perdu et tout particulièrement de ceux qui y sont restés, fasse figurer les grands parents.

La grande diversité des dessins réalisés dans les classes des enfants de 6 ans sur la proposition « Tu dessines tes grands-parents » reflète bien celle que nous observons dans cette étude.

Planche VII
L'enfant unique

Tout d'abord 2 dessins très différents — comme les enfants sont divers, comme les familles sont diverses.

1. Celui de L. synthétique et rapide (voir le ciel).
2. Celui d'A. soigneusement figuré et coloré (voir les souliers).
3. Notons la présence du chat Mao dans le dessin heureux de C. : l'enfant unique aime peupler son dessin.
4. Ainsi, D. dessine sa maman à loisir, plus succinctement son père et elle-même, mais surtout toute une bande de copines !
5. Le dessin de J.L. est pâle, tristement noir et vert, de plus en plus rudimentaire si on le regarde de gauche à droite (dessin de droitier).
J.L. est en garde de 6h40 à 18h40. Les parents sont peu concernés. C'est un enfant fatigable, vulnérable, sur le chemin de l'obésité. Il suivra doucement en classe après le redoublement du CP. Exemple de problème (carence parentale) que l'enfant unique doit affronter sans l'accompagnement de la fratrie.
6. « Nelly, mon chien », commente Ch. qui, outre les trois personnages de la famille présente, dessine aussi un bébé (rêvé ?) dans un si joli petit berceau.

Les Grands-Parents

7. Le dessin de F. est à la fois bien pâle et plutôt sombre, le trait est effleuré, les personnages sont rudimentaires. Il est centré par la figure de la grand-mère qui se détourne, semble-t-il, des parents pour tendre les bras à la petite F., réfugiée contre sa robe, au coin inférieur droit du dessin. Seule la toute petite N. amène dans ce tableau mélancolique une note agréable.
F. vivait jusqu'à présent chez sa grand-mère, au Maroc. Fille aînée, ses parents l'ont ramenée récemment et elle aide sa mère, peu tendre, aux soins de la maisonnée.

8. Dans ce dessin mûr, vivement coloré et abondamment peuplé, J. se figure avec sa jumelle, tout de suite à gauche, au-dessus du couple des grands-parents. La mère fait partie de l'important entourage familial un peu plus loin à droite.
La mère, qui est seule, travaille à l'extérieur toute la journée et vit au foyer de ses parents qui s'occupent des fillettes, « les pauvres petites » comme dit la grand-mère en leur présence. Les fillettes sont obèses.

LES MEMBRES DE LA FAMILLE 49

1

4

2

5

3

6

7

8

Les divers aspects du monde familial dans notre société

LA FAMILLE EN DANGER

La discorde parentale

On constate que le divorce, la désunion libre sont de plus en plus fréquents (ainsi, le divorce concerne un couple sur trois en province, un sur deux à Paris). Le phénomène est d'importance.

Comment l'explique-t-on ?

Certes, il existe dans certains cas des motifs graves qui rendent la vie en commun impossible et amènent la rupture, si douloureuse soit-elle. Mais, beaucoup plus fréquemment, on considère que le surinvestissement affectif (on ne parle plus de coup de foudre) qui a amené l'engagement du couple est temporaire. Aussi, quand la vie en commun n'est plus considérée comme un épanouissement individuel mais comme une entrave à cet épanouissement, le divorce est, dit-on, chose logique. Car nous vivons dans «un monde social où la valeur de référence est devenue le soi» (F. de Singly, 1993 : 89). Si le «soi» n'est plus valorisé dans le couple, pourquoi continuer ? C'est la rupture, la rupture «qui soit la moins traumatisante possible pour les époux et les enfants» (M. Segalen, 1996 : 140).

Nous voyons apparaître, en seconde position, le mot enfant.

L'enfant est manifestement une gêne dans le couple en rupture. D'ailleurs, «ce ne sont pas ses affaires», comme il arrive aux parents en discorde de le signaler quand un enseignant leur fait part du trouble et des difficultés de son élève. L'enfant étant, comme le définit Kellerhals (1984 : 92), un «bien de consommation affective» pour les parents, apparemment, le respect de son épanouissement personnel est hors sujet. Et le maintien par l'Etat du fonctionnement du couple parental après rupture est lui-même critiqué comme contraire à l'autonomie au sein de la famille.

D'ailleurs, tout est une question de « climat », semble-t-il, dans notre famille contemporaine, relationnelle par définition. On cite des statistiques rassurantes minimisant les difficultés scolaires de l'enfant liées au problème des parents.

L'étude des familles « nouvelles » (monoparentales, recomposées...) fascine les chercheurs. Certains parlent de « désidéologisation de la famille », de « mutations (et pourquoi pas de mutations positives...) » (I. Thery, 1992).

On étudie la situation du père après le divorce (chevauchement des rôles et transferts). On chiffre l'éloignement du père de ses enfants après la rupture : « 54 % des enfants de couples séparés ne voient jamais ou voient épisodiquement leur père » (C. Villeneuve-Gokalp et H. Leridon, in M. Segalen, 1996 : 178). Mais il apparaît, dit-on, que tout dans la société actuelle semble concourir à expulser les hommes de la famille décomposée.

On parle du père biologique, du compagnon ou nouvel époux de la mère, moins souvent de la compagne ou nouvelle épouse du père, des demi-frères et demi-sœurs issus de nouvelles unions du père ou de la mère itératives ou non, de comportement triangulaire. On parle de famille à géométrie variable, de réseau familial, de constellation familiale.

L'enfant, lui, essaie de s'y retrouver : il cherche des repères au niveau de ses grands-parents et on parle de verticalisation de la famille. Il essaie de se retrouver dans ses parents raréfiés ou multipliés, comme dans sa fratrie, ses demi-frères, ses quasi-frères...

De toute façon, comme concluent B. Bastard et L. Cardia Vonèche (1992 : 53), toutes les familles sont des familles « composées ». Il fallait y penser.

Encore faut-il parler de tous les composants : l'un d'eux, l'enfant, semblant rester dans l'ombre, nous allons l'écouter.

Ce que nous apporte l'étude sur le terrain des problèmes familiaux liés à la discorde parentale

L'enfant dans ses dessins (Planches VIII et IX) nous raconte la discorde de ses parents, la séparation : l'impact de ces situations de crise sur sa vie familiale nous est apparu. Deux autres aspects de sa réalité vécue les complètent : c'est la connaissance personnelle de l'enfant revu annuellement et de sa famille, c'est la coopération avec l'enseignant de l'enfant et éventuellement le service social.

Ces trois éléments nous permettent de dire que l'enfant est régulièrement atteint par les problèmes de discorde et de séparation parentale, et qu'il est profondément atteint. En quinze ans d'exercice de la médecine scolaire au cours desquels j'ai pu rencontrer et suivre des milliers d'enfants, sur de nombreux cas de discorde parentale, je n'en ai pas vu un seul où l'enfant n'ait accusé le choc à des temps variables. L'intensité dépend des circonstances, certes, mais aussi de la vulnérabilité personnelle de l'enfant.

F. de Singly a relevé les « nouvelles normes de bonne conduite » parentale — on n'y remarquera d'ailleurs rien de nouveau si on se réfère à la définition bien antérieure de M. Porot (1966) du rôle « sécurisant et stimulant » de la famille. En voici les termes : « l'identité cachée de l'enfant ne peut être révélée que par une attention constante et un environnement stable » (1996 : 107).

Les circonstances de la discorde amènent la situation inverse : l'attention des parents est concentrée sur leur propre personne ; un séisme a bouleversé l'environnement familial et continue de l'ébranler par secousses. L'enfant saisit parfaitement la situation : il la vit et sait la retracer comme ses dessins le montrent.

La souffrance de l'enfant est intense. N'est-il pas « celui, comme dit L. Roussel, pour qui les parents, un temps, seront tout ? » (1994 : 11).

Certains arrivent en larmes à l'école qui devient le refuge sécurisant. Mais, la plupart du temps, l'angoisse reste secrète et solitaire car inexprimable — et on la sous-estime alors que chez l'enfant, elle prend une dimension insoupçonnée. A lui, entièrement dépendant, de la vivre !

Certains sont au bord du dérapage psychique, comme en témoigne le dessin de leur famille, monstrueux ou stéréotypé. Ces dessins sont analogues à ceux des enfants qui, vivant dans un milieu préoccupant d'alcoolisme parental, relèvent de la maltraitance psychologique.

D'où la déstabilisation de l'enfant :

– Elle est due aux discussions, disputes, altercations avant, pendant, après la séparation, cela à des degrés divers : « Papa est revenu hier soir, et il est resté longtemps à secouer la porte », raconte la petite le lendemain en arrivant en classe.

– Elle est due à la violence aussi qui peut s'exercer dans l'environnement familial : les dessins en témoignent.

– Elle est due au déchirement du départ du parent. Le départ de la mort paraît plus supportable dans le dessin que cet arrachement.

– Elle est due au déséquilibre brutal du cadre familial, à la perte des repères : le couple conjugal avec sa complémentarité n'existe plus. N'a-t-on pas parlé d'orphelins de parents vivants ? « Je pense à mon père », écrit l'enfant dans le questionnaire, lors d'une enquête sur le sommeil de l'écolier pour expliquer ses difficultés d'endormissement.

– Elle est due aux recompositions familiales, aux « constellations » familiales où il se perd et qui sont plus ou moins durables ou réussies. Les dessins témoignent de son trouble, de sa sensation d'isolement, des épisodes d'affrontement. Certains enfants le disent : ils se plaisent mieux à l'école qu'à la maison.

Quels sont les signes extérieurs des conséquences de cette déstabilisation ?

On pourrait les rassembler sous le titre de syndrome de la discorde parentale :
– un changement de comportement, maintes fois signalé par l'enseignant : agressivité, agitation, tristesse profonde (« il ou elle est si triste »), prostration, l'enfant est éteint, parfois mutiste.
– la chute du rendement scolaire, dont le délai d'apparition varie avec les circonstances, ce qui le rend difficile à saisir par l'étude statistique transversale d'une population. Le passage à vide est bien connu des enseignants : la motivation, l'intérêt ont disparu. Parfois existe un refus net de travailler (« il refuse de travailler depuis le départ du père »). La discorde parentale figure parmi les facteurs de l'échec scolaire (étude personnelle faite dans les Cours Préparatoires de deux écoles).
– un retentissement physique, fléchissement des résistances physiques, asthénie, parfois asthme, perte de poids ou au contraire obésité par boulimie réactionnelle.

Quelles en sont les conséquences lointaines ?

– D'une part, la prise de distance du pré-adolescent et de l'adolescent par rapport à sa famille quand il la juge non crédible, à ce parent qu'il juge responsable de tout, à ces parents « qui se font le plus de mal possible » (propos d'enfants). L'adolescent se tourne vers ses pairs, ce que certains estiment positif : « La bande de jeunes a une fonction socialisante complémentaire de celle des parents et de l'école » (M. Segalen, 1996 : 173).
D'autres en soulignent les dangers avec beaucoup de clairvoyance.

Ainsi, A. Michel (1972 : 105-106) cite U. Bronfenbrenner : «L'auteur pense que le vide laissé par le retrait des parents et des adultes de la vie des enfants est rempli par le substitut parfois peu désiré (des enfants), voire indésirable, du groupe des pairs... engagé le plus souvent dans des comportements antisociaux tels que faire quelque chose d'illégal, tricher au jeu, mentir, tourmenter un camarade, etc.».

– D'autre part, une déstabilisation critique de l'adolescent, lui-même en état de déséquilibre physiologique. C'est l'âge des réactions excessives, du risque, en particulier celui de la tentative de suicide. «On ne sait jamais si on n'y est pas pour quelque chose», disait un jeune convalescent parlant de la séparation de ses parents.

– Le problème est d'importance, répétons-le : un enfant sur sept né entre 1945 et 1965 ne vivait plus à 16 ans avec ses deux parents. Un enfant sur quatre né dans les années 70 (H. Leridon et C. Villeneuve-Gokalp, 1994 : 206)... Et maintenant... ?

En résumé

Que dire de la discorde parentale dans la famille contemporaine ?

Les rôles sont inversés, constate-t-on : les parents attendent de l'enfant un comportement d'adulte fait de tolérance, de compréhension, d'affection inaltérables envers eux pris par leur propre recherche quelque peu puérile du bonheur immédiat et personnel.

Or, cette situation peut être lourde de conséquences pour l'enfant à court, à moyen, à long terme.

Ne vaut-il pas mieux en convenir et y réfléchir ?

L'enfant n'est-il pas une personne et, souvent dans ce cas, une personne en danger ?

La carence parentale

Pourquoi parler de carence parentale ?

Parce qu'elle est d'observation courante, diverse, largement répandue et lourde de conséquences. La démission parentale n'est guère que l'aboutissement d'années de carence parentale.

Ses aspects sont multiples comme le sont les aspects de la responsabilité parentale, comme le sont les lacunes dans l'attention portée à l'enfant dans sa santé, son épanouissement et aussi son éducation. Nous

Planche VIII
La discorde parentale

A. *La discorde : le séisme*

1. Le noir et le rouge dominent dans cette scène où la maison paraît flamber : à l'extérieur, la figure du père quelque peu patibulaire, à l'intérieur la mère au visage barbouillé de noir, et, dans la nature, les deux petits.
Ce dessin n'a eu son explication qu'un an plus tard.

2. Les parents sont deux personnages rouges et grimaçants, la bouche déformée par un rictus. La petite se tient, semble-t-il, dans la coulisse, spectatrice.
D. est une enfant unique, intelligente et mûre, énurétique.

3. Tout semble trembler, la terre, même les fumées qui montent dans ce paysage tourmenté vert, un peu teinté de jaune. Le père et la mère (yeux vides, aspect peu attrayant) encadrent deux petits quelque peu désemparés, dirait-on, dont les bras paraissent se toucher.
C., enfant attachant, s'exprime remarquablement. Sa maman qui l'accompagne est agitée, nerveuse.

4. Les enfants sont seuls présents dans ce paysage vide où plane un gros nuage noir.
Les parents absents du dessin sont immergés dans leur problème de discorde.
L. est un enfant fatigué. Il redoublera son CP.

5. Dans ce dessin tracé en rouge, la maison vide sépare des enfants le couple des parents en discorde.
« Ce n'est pas leur affaire », ont dit les parents à l'enseignante soucieuse qui leur avait demandé de venir.

6. Le père peu attrayant de V. se dirige déjà vers la sortie.
Quelques années plus tard, il reviendra et tentera de provoquer un incendie.

B. *La séparation : le deuil*

7. Le dessin est noir et vert : noir pour le père, désormais absent du foyer, le mieux figuré, l'œil vide, le bras gauche étendu vers l'enfant ; vert pour la fillette et sa mère dysmorphiques, évocatrices d'insectes plus que de personnages humains.
En classe, ce sera pour R. le passage à vide et le redoublement du CP.

8. C'est un beau dessin très mûr d'enfant unique que celui de S. qui semble dessiner le rêve.
Les parents sont séparés. « Elle est si triste », dit l'enseignante.

LES DIVERS ASPECTS DU MONDE FAMILIAL DANS NOTRE SOCIÉTÉ 57

Planche IX
La discorde parentale (suite)

1. C'est le deuil : seul le corsage de la mère échappe au noir qui a envahi les deux fillettes. « Mon papa a une autre maman », c'était le commentaire.
L'état général de B. est médiocre. La mère qui travaille à temps complet est fatiguée et surmenée.

2. Ici, c'est une stéréotypie sombre d'ébauches griffonnées, dont le père, qui n'est plus au foyer. Une seule touche jaune est posée sur le visage de la mère.
La mère, travaillant à temps complet, l'enfant vit pratiquement chez sa grand-mère, elle-même chargée d'enfants, qui est lasse. F. concentre difficilement son attention et aime surtout participer à des jeux actifs et bruyants. Il devra redoubler son CP.

C. *La recomposition : les problèmes*

3. Quatre têtards agités : la mère, le père, mais lequel est-ce ?
La mère en est à son troisième mari. Une petite demi-sœur est présente.
D. est docile et réfléchie mais sa mère lui accorde très peu d'attention et la scolarité sera difficile (redoublement du CE2).

4. Les figures sont monstrueuses et sombres : l'enfant semble lancer à l'assaut de sa mère son chien Tibur. A l'arrière plan, le fantôme désolé du père. Les deux aînés ne sont pas figurés, pas plus que le beau père.
Au test de maturation, l'attention de C. est difficile à capter. Au CE1 se produira un passage à vide.

5. O. a dessiné son père et sa belle-mère dans un cercle dont il s'est exclu.
Séparé de ses frère et sœur, c'est un enfant fortement perturbé, perdu dans ses problèmes, qui bégaie. La scolarité est normale mais difficile. « Il devient fou », viendra dire la belle-mère. La prise en charge sera faite.

6. Au sein d'un univers fantasmatique, la mère et la petite demi-sœur sont figurées dans un espace fermé, en dehors duquel T. se situe nettement. Des êtres aux contours tourmentés comblent les vides. La seule note de couleur est la forme rampante nommée clochard. Le beau-père est absent.
T. est très agité, instable. Les acquisitions sont difficiles. L'enfant est obèse.

7. V. ajoute aux membres de la famille, quelque peu malmenés dans leur figuration, des personnages et objets étranges et fantastiques. Le rouge et le noir sont les couleurs dominantes.
V. en classe frappe par son agitation, ses propos décousus et il peut très bien faire. A l'examen préscolaire, c'est un enfant robuste qui se perd en démonstrations gestuelles et en paroles. Il achoppe en parlant. Il peut être très attentif. La tentative de recomposition familiale de la mère s'est soldée par un échec. Une petite demi-sœur est née. La mère ne tiendra pas compte de mon avis de prise en charge pédopsychiatrique de V. que les enseignants soutiendront de leur mieux.

8. E., son frère aîné, trace de sa famille un dessin digne du Cours Moyen, hypermature, dans sa représentation des personnages : le père et la mère, séparés, sur deux plans, lui-même avec sa sœur aînée, le petit frère et un univers animal.
C'est un bel enfant éveillé et intelligent qui, en classe, parle beaucoup du père dont il est séparé.

LES DIVERS ASPECTS DU MONDE FAMILIAL DANS NOTRE SOCIÉTÉ 59

reverrons plus loin les aspects de la responsabilité parentale lors du retour aux parents.

On pourrait croire que cette situation de carence est régulièrement liée à des difficultés aiguës ou chroniques des parents, à des épisodes de guerre froide ou d'incendie : discorde, alcoolisme, par exemple. Pas seulement. On pourrait penser qu'elle est l'apanage de certains milieux dits défavorisés. Certes pas. Elle existe dans des situations variées et dans tous les milieux : familles en état de sujétion à la société de consommation, ou encore plongées dans un bain d'ignorance des besoins de l'enfant, ou d'hédonisme triomphant du couple parental. L'enfant à notre époque est l'objet d'un choix. Il est désiré pour la joie, la satisfaction du couple, mais il peut devenir encombrant par sa présence et ses besoins divers. On oublie trop souvent tout ce qui se construit chez lui au cours de ces premières années et fait appel à notre intérêt, à notre attention. Et l'enfant grandit, il grandit dans notre société individualiste où chacun dans la famille est dit contribuer à l'épanouissement de l'autre mais tout d'abord au sien propre. «Cela fait plusieurs décennies déjà, dit A.M. Roviello (1996 : 142), qu'une sorte de pudeur ou d'allergie empêche les individus d'utiliser certains concepts fondamentaux de l'éthique, à commencer par celui qui les englobe tous : le mot 'devoir' n'arrive plus à franchir nos lèvres post modernes»... et elle ajoute : «Cette disparition du mot devoir qui concerne tous les domaines de la vie humaine s'est accompagnée d'une promotion du mot 'droit'».

Je préciserai qu'il y a droit et droit : le droit à l'Enfant est une notion largement répandue, la réciproque, le droit de l'Enfant à des Parents Responsables n'étant jamais entendu. Quant aux chartes des droits de l'Enfant, elles ne sont que l'illustration du manque à remplir nos devoirs envers lui.

P. Durning (1999 : 195) souligne que l'activité de parentage implique «une prise en charge quotidienne donnant lieu à de nombreuses activités de soin et d'éducation assurées, selon des modalités différentes, durant presque vingt ans». Précisons que cette activité de parentage implique une régularité, astreignante, pour l'adulte qui conditionne le développement harmonieux de l'enfant. Mais, lorsque l'enfant retrouve, la clé au cou, la maison vide en rentrant de l'école, qu'il est amené à gérer lui-même les occupations du mercredi, que la télévision occupe les soirées familiales et aussi le dimanche dès les premières heures du matin jusque tard dans la nuit, que dire de cette activité de parentage ou simplement de l'attention, de l'intérêt portés par les parents ?

Notons que le travail extérieur de la mère de famille n'est pas synonyme de carence. Dans une enquête sur le sommeil et la sieste de l'enfant de 3 ans (J. Mantz, 1991 : 23), les mères au foyer étaient plus nombreuses à mettre le petit en classe toute la journée. Argument fréquent : « J'aime être tranquille l'après-midi ».

Dès l'âge de 2 ans, l'école assume en grande partie la charge de l'enfant. Reste le temps libre, domaine des parents. C'est au niveau de ce temps, vécu dans la famille, que se révèlent divers aspects de la carence parentale.

– C'est l'enfant à qui on n'a jamais dit « non » avant qu'elle entre en maternelle. « Cela va mieux maintenant », disent les parents...
– L'enfant qui s'endort devant la télévision à des heures irrégulières et souvent tardives.
– L'enfant de 3 ans qu'on ne promène pas. « Mais on va avoir un chien, alors ça ira mieux ».
– L'enfant qui se cogne la tête contre les murs : la petite n'est pas sortie de la maison de tout l'hiver.
– L'enfant de CM1 devant laquelle les camarades de classe passent en se bouchant le nez. Mère impeccable et élégante.
– L'enfant qui a un panaris de l'index, ne se lave jamais les mains, à qui il faut apprendre à se savonner les doigts.
– L'enfant de 3 ans qu'on tient éveillé sans sieste jusqu'à ce qu'il s'écroule à 6 heures du soir, ce qui assure une soirée tranquille.
– L'enfant malentendant que ses parents n'emmènent pas consulter malgré des avis médico-scolaires réitérés.
– L'enfant de 3 ans présentant d'importantes séquelles de rachitisme, les parents n'ayant pas jugé utile de le faire suivre, gratuitement, dans une consultation de nourrissons.

Le petit déjeuner est riche en aspects divers :
– il peut être pris à table en famille, cela arrive heureusement...
– il peut manquer (réveil trop tardif, goûter de 10 heures trop copieux),
– il peut consister en chocolat et croissant : cela va plus vite que de beurrer du pain,
– il peut consister en biscuits déposés sur le poste de télévision,
– il peut être pris en libre service à partir du frigidaire par l'enfant de 3 ans : « Mais vous savez vous-même ce qui lui convient le mieux ? — Oui, mais s'il n'en veut pas, après coup, cela me prend encore plus de temps de lui préparer ce qu'il aime ».

– il peut être pris par l'enfant seul devant le petit écran,
– il peut être préparé par l'enfant lui-même, réveillé par téléphone.

Ces divers exemples illustrent le manque d'information, les erreurs sur les besoins prioritaires de l'enfant, aussi bien que la négligence et même le refus de l'effort parental. C'est l'illustration pour Ph. Ariès d'une désaffection actuelle («la fin d'un règne») à l'égard de l'enfant (1992 : 229).

Les dessins recueillis, pauvres, mornes parfois, parfois agressifs, souvent régressifs, reflètent cette absence, cet abandon (Planche X).

Outre cette attention très concrète aux besoins de l'enfant, il existe un autre aspect de l'activité de parentage : c'est son accompagnement vers l'état d'adulte responsable dans une famille idéalement sécurisante par son équilibre, stimulante par le partage des activités et des intérêts, et aussi constructive par l'exemple du comportement parental. «Du temps pour l'enfant» (40% des réponses) et «une vie de famille équilibrée» (37%), telles sont les priorités de l'action éducative des parents selon l'enquête de P. Grelley (1999 : 190).

De la transmission des valeurs, on parle généralement très vite et très superficiellement : sens des responsabilités, respect des autres, tolérance, cite-t-on dans les écrits les plus audacieux. Qui ose encore parler d'entraide, de solidarité, de partage? On tend d'ailleurs actuellement à redonner ce rôle à l'école. C'est plus facile. N'oublions pas la grande éducatrice comportementale des enfants et des jeunes qu'est la télévision avec sa banalisation de la violence. A.M. Roviello (1996 : 144) ne craint pas de parler clairement : «Avec la montée de l'individualisme hédoniste, les valeurs de l'effort, du travail, de l'autodiscipline, de la mesure, du renoncement dépérissent au profit des valeurs du plaisir, de l'auto-épanouissement et, chez les jeunes, de l'excès, de la perte de soi plutôt que du contrôle de soi».

Quelles sont les conséquences de la carence parentale?

Elles sont multiples et se retrouvent à des degrés divers.

Ce sont tout d'abord *les difficultés scolaires*.

«Ils ont chacun leur chambre et chacun leur télé, et en classe ça ne marche pas!», disait une mère de deux enfants de 7 et 9 ans, dont l'information restait à faire. Et si souvent, le soupir de l'un ou l'autre des enseignants : «Si seulement quelqu'un s'intéressait à lui à la maison, il serait bon!».

Les causes de l'échec scolaire sont complexes et variées (Etude personnelle sur 8 Cours Préparatoires). La famille joue un rôle de premier plan par l'intérêt qu'elle manifeste au métier de l'écolier, par l'influence de l'ambiance familiale sur la réceptivité et l'attention de l'enfant en classe. Trop souvent, l'échec objective au niveau des performances scolaires les manques familiaux chez un enfant «construit en dehors de l'école», selon l'expression de P. Erny (1996 : 54). Il s'y ajoute encore le degré de la prise en compte des besoins physiologiques de l'enfant en croissance dans les rythmes de vie familiaux : pour ne citer qu'un exemple, on connaît la somnolence du lundi chez les écoliers après l'insuffisance et l'irrégularité de sommeil du week-end.

Il est commode de montrer statistiquement que l'école entérine les inégalités sociales, «Inégalités devant la sélection et inégalités de sélection» (P. Bourdieu et J.C. Passeron, 1970 : 90), qu'elle est un lieu d'«enfermement» (Ph. Ariès, 1973 : 8), de «renfermement» (M. Segalen, 1897 : 167) de l'enfant. Il est certain que les individus diffèrent entre eux par leur environnement familial, par leurs goûts et leurs aptitudes. Mais l'école gratuite et obligatoire est une chance donnée à tous, c'est une ouverture sociale hors de la famille. Pourquoi la charger de tous les maux, pourquoi ignorer l'attention des enseignants à leurs petits élèves en difficulté et pourquoi alors attendre d'elle seule l'enseignement des valeurs à respecter, comblant ainsi les lacunes parentales ?

Autre conséquence en relation directe avec le vide familial venant de parents désormais démissionnaires, c'est *l'immersion dans la bande de copains* dont on a appris à connaître les manifestations extérieures : *la violence*.

«Les élèves font exploser des bombes artisanales devant les grilles. Ils font leurs besoins dans les couloirs, se battent constamment, ils font des 'mêlées', comme ils disent — un adolescent au centre est frappé par une dizaine de camarades —, ce qui donne lieu à des blessures graves, ils s'insultent à longueur de journée avec des injures à caractère racial et sexuel», relatent les enseignants (*Libération*, 12 décembre 1999).

Ceci est un exemple extrême dira-t-on.

Mais l'étude du sommeil de l'adolescent dans les classes de seconde, première et terminale (J. Mantz, 2000) dans un établissement tranquille montre également l'emprise de la bande de copains. On constate son influence sur le rythme de vie déstabilisé par les sorties démesurément tardives du week-end, déjà initiées auparavant en famille, il faut le préciser...

Planche X
La carence parentale

1. Toute la famille chez L. (3e de cinq enfants) est repoussée en bordure de la feuille, en un défilé curieusement orienté verticalement de mini personnages : ils sont à peine esquissés et parfaitement stéréotypés, en dehors d'une touche de couleur variable. Un objet noir et vert dans le coin inférieur droit n'a pas été identifié par l'enfant. Le reste de la feuille est vide.

2. Chez D., sœur de L. (4e de 5), le dessin est écrasé à la partie inférieure de la feuille. Au coin inférieur droit, on note le couple parental : têtard rouge (la mère), vert (le père). Les cinq enfants occupent la partie médiane et inférieure gauche. Un peu plus évolués dans leur structure, ils sont groupés autour de la grande sœur, le personnage le plus important du dessin, à distance des parents.
Les parents travaillent à temps complet. La mère est élégante, énergique et soignée. Les enfants sont souvent seuls confiés à la grande sœur. La gestion financière familiale est catastrophique (ex., l'achat d'une moquette a engouffré la somme nécessaire au départ des enfants en colonie de vacances).

3. Le couple est au premier plan dans ce dessin vivement coloré où on note un certain « bourrage ». Il faut chercher les trois petits, verts et minuscules.
Parents peu concernés. La grande sœur de D. présente, près de l'œil, la cicatrice d'une morsure de chien. « Je veux un chien, je prends un chien », a dit le père, c'est un berger allemand actuellement.

4. D. a représenté toute la famille, mais le père et la mère sont des têtards.
Leurs lamentations amères sur tout ce qui ne va pas à leur gré semblent effectivement remplacer tout souci d'apport constructif pour des enfants pleins de possibilités, mais non motivés, écrasés, qu'il faut sans cesse encourager.

5. I. représente les parents en très gros plan, les bras tombant. Le visage est remarquablement détaillé. Au pourtour, dans la même tonalité de grisaille mélancolique, les enfants meublant les espaces restés libres.
I., 6e de 7, est une enfant sérieuse, trop sérieuse, attentive, de parents non concernés. La mère a un enfant en garde mais la petite mange à la cantine. Après un redoublement du CP, elle évoluera bien.

6. Le dessin de M. est très finement tracé en rouge. Les immeubles de part et d'autre de la famille, les parents et les trois petits le visage obscurci, barbouillé de rouge, occupent une bien petite partie de l'espace.
L'enseignante a été surprise de ce dessin, les œuvres de M. étant généralement « très belles ». Le père occupe un poste de responsabilité, la mère est fonctionnaire. Mais les enfants redoublent leur classe, les avis médicaux restent lettre morte (dont un pour diminution de l'audition) des années durant. L'aîné entré au collège a rejoint la bande de copains amateurs de larcins : il s'est cru poursuivi par la police, a sauté d'une passerelle sur la route en contrebas et s'y est retrouvé multifracturé...

7. Où est donc la famille de L. dans ce dessin?
Une maison, un personnage-fleur, des touches de couleur?
Les parents sont des commerçants prospères. L'enfant (aîné de 4) est appliqué, mais éteint et dépendant. Il progressera doucement avec des redoublements et assumera la garde des petits le soir.

8. G. a représenté tout le monde dans ce dessin pâle, fortement régressif. C'est un enfant inhibé, qui doit être encouragé sans cesse. Alors, il se décide tout d'un coup.

LES DIVERS ASPECTS DU MONDE FAMILIAL DANS NOTRE SOCIÉTÉ 65

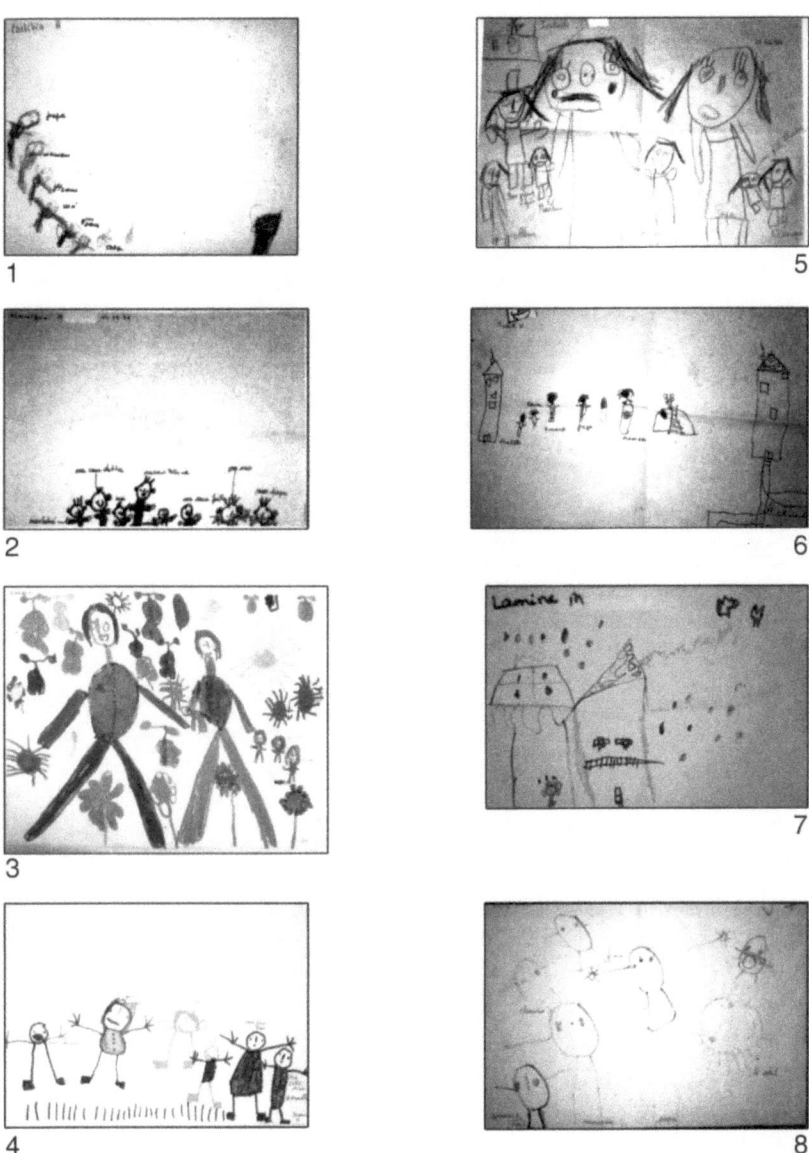

Les parents sont très jeunes. La mère, peu motivée par les trois petits, dit qu'elle « veut vivre ». Les enfants ont été confiés pour un an sur demande des parents, à l'Aide Sociale à l'Enfance.
A leur retour à l'école, j'ai revu G. et lui ai demandé comment s'était passée cette année au foyer de l'enfance. « Oh!, m'a-t-il répondu d'un air extasié, c'était bien! »

La famille est d'ailleurs mise en cause par les délinquants eux-mêmes : ne lit-on pas dans la presse (*Le Quotidien du Médecin*, 20 octobre 1999) que la plupart de ces jeunes délinquants accusent leurs parents de ne pas s'être occupés d'eux : « manque de soutien, d'autorité des parents », et, plus encore, ne lit-on pas que la punition infligée par la justice aux délinquants devrait s'accompagner, pour deux sur trois d'entre eux, d'une peine à l'égard des parents ?

D'une façon systématique, des travaux sur la violence ont essayé d'en préciser les facteurs et les remèdes. Ainsi, à la question « Comment empêcher la violence au collège ? » (Ingersheim et J. Matas, 1998), la proposition de loin la plus retenue par les élèves (50,6 % des réponses) fut « les parents devraient s'occuper davantage de leurs enfants ». Cette réponse semble l'expression même du bon sens populaire. Dans les commentaires comme dans les solutions proposées, l'accent est mis sur le « climat » dans les établissements, sur la nécessité « d'y faire bouger les mentalités et les pratiques ». Il est certain qu'on a besoin de l'enseignant qui s'intéresse à ses élèves et la lourde charge d'enseignant est diversement assumée. Mais la non moins lourde charge de parents l'est tout aussi inégalement, et on a besoin plus encore du parent qui s'intéresse à ses enfants.

L'urgence est à l'information et à la formation des parents : à notre époque où la formation permanente est à l'ordre du jour, où des moyens financiers importants lui sont consacrés, pense-t-on seulement à la nécessité de la formation permanente au métier de parent, formation permanente car les problèmes changent et se renouvellent avec la croissance en âge de l'enfant ?

Il est plus que probable que les individus ne se déplaceront guère pour suivre une formation, que des écrits distribués ne seront pas lus. Mais la télévision ? Elle entre dans tous les foyers ! Des flashes aux grandes heures d'écoute (cette possibilité d'horaire est donnée car il s'agit d'un sujet d'intérêt général) seraient absorbés comme ceux de la pub...

Moyen d'information, moyen d'écoute des réactions (n'y a-t-il pas un courrier des auditeurs ?)

Espérons une programmation prochaine.

La tyrannie parentale

Au cours du XXe siècle, les relations parents/enfants étant devenues, dit-on, celles du dialogue, la famille autoritaire a, paraît-il, disparu. Les mœurs évoluent certes, mais les caractères, les personnalités se reproduisent, se retrouvent et ce sont ces caractères, ces personnalités qui colorent l'ambiance familiale. La famille autoritaire est loin d'être éteinte. La rigidité familiale, le despotisme parental, la tyrannie parentale même existent toujours.

Cette tonalité est donnée généralement par l'un des personnages du couple parental, plus rarement par les deux.

Ainsi, l'appartenance à une secte — ou, d'ailleurs, la rigidité d'observance religieuse quand cette observance obnubile, aveugle et fait disparaître l'esprit — peuvent figer la vie familiale et l'assombrir.

L'endoctrinement pèse sur l'enfant et sur sa vision du monde. «L'œil est là, il nous regarde», répétait sans cesse à ses camarades de classe un enfant de 5 ans 1/2. «Quel œil, maîtresse?», venaient demander les camarades à l'enseignante. Pas de festivités joyeuses. Les dessins de ces enfants sont souvent dysmorphiques ou hallucinatoires. L'enfant vit au rythme des propos redoutables qui lui sont tenus.

Le despotisme parental, en dehors de tout facteur religieux, est plus commun. La soif de pouvoir de l'un des parents (le père plus souvent) semble à l'origine de cette oppression familiale. Ce besoin de domination est relativement répandu : il suffit d'observer la jouissance des propriétaires de chiens : «Ici tout de suite!», «Au pied!». Ce besoin de domination se retrouve sous des formes et à des degrés divers dans le monde familial. Nous le voyons illustré dans la violence familiale, nous le retrouvons dans l'exigence d'obéissance aveugle aux décisions, orientations, désirs du chef! Le chef doit être entendu, servi, redouté. L'enfant n'est-il pas son œuvre, sa propriété, sa chose?

Les dessins recueillis dans de telles situations (Planche XI) sont assez explicites, souvent tristes et figés, parfois régressifs, incomplets. Le personnage responsable est généralement identifiable par sa place, sa figuration, sa couleur, quelquefois significativement absent. Certains dessins sont profondément altérés, agressifs ou anxieux, écrasés, parfois monstrueux ou stéréotypés, l'enfant réagissant selon le degré de la tyrannie parentale et selon sa vulnérabilité propre.

En classe, c'est en général un élève timide, réservé, renfermé; il s'ouvre peu à peu au contact du milieu scolaire. Il progresse normalement, parfois après un redoublement initial malgré des moyens intellectuels suffisants. Il s'agit le plus souvent d'enfants fatigables dont l'état général est précaire, les besoins d'activité physique extrascolaire n'étant pas pris en compte.

Planche XI
La tyrannie parentale

1. Le dessin de P. est régressif. Des personnages immatures dont le père, marron et vert, frappent par leurs gros yeux. Au centre, la petite figure amenuisée du « moi » têtard sur pattes.

2. Le dessin de J.M. est un tracé noir de personnages bizarrement munis d'oreilles vertes. On y voit une pluie noire en gouttes ou en traînées, quelques touches de marron et, tout de même, un peu de ciel bleu. Au centre, le couple parental : la mère porte le bébé dans ses bras ; le visage du père est encadré de noir et ses bras étendus dominent la famille.

3. F. représente une famille écrasée : deux enfants symboliques, noirs, étroitement encadrés par les parents rouge sombre.
Le couple parental vitupère pour tout en permanence et les enfants le figurent selon leur sensibilité propre.

4. Chez la jeune sœur de F., le dessin est expansif, la famille un peu plus complète mais sombre : marron, verte. Tous ont la bouche ouverte, même le soleil, mais, chez les parents, la denture est impressionnante.
Les enfants sont pleins de possibilités.

5. La vision du dessin de S. amène une sensation de malaise. La mère, centrale, rouge et dentue, porte un bébé marron. Les personnages périphériques (père, demi-frère et demi-sœur) semblent marquer un recul. Seuls les deux petits ont une physionomie avenante. Des figures fantomatiques surplombent la scène à droite.
La mère a des principes : on ne parle pas à table, le dimanche on va se recueillir sur la tombe de la petite sœur morte à 10 mois que S. mentionne souvent. A 6 ans, S. est une enfant dispersée qui parle de la mort et présente depuis deux mois un balancement de la tête.

6. Un tel dessin surprend : démesure des proportions, forme de représentation de la mère, étrangeté sombre des figures fantomatiques, silhouette noire du petit frère aux yeux vides répétés sur toute la hauteur du personnage. Le père, lui, est absent.
Ce dessin restera inexpliqué jusqu'à la rencontre du jeune frère à 6 ans l'année suivante, qui dessine une famille stéréotypée et vermiculaire : le père, invalide, accidenté du travail, éduque ses enfants selon les principes de sa secte.
A 6 ans, J. est un enfant solide et intelligent. Mais il devra redoubler son CP : il ne progresse pas. Il a peur, peint tout en noir, écrit des textes alarmants. Un an d'externat dans une école de plein air acceptée par les parents améliore la situation. Il suivra doucement au cours des années scolaires suivantes.

7. Le dessin de J. est dysharmonieux dans sa présentation, presque hallucinatoire dans sa figuration. La couleur rouge apporte une note d'agressivité. La représentation monstrueuse des bras maternels, les yeux vides du père, soulignés chez la mère, ajoutent au malaise. Les deux enfants sont dysmorphiques dans leur figuration.
J., imprégné par les propos de la secte à laquelle appartiennent les parents, est un enfant attachant mais instable qui s'intègre mal en maternelle.

8. La famille de R. est morose : elle est centrée par le père aux gros yeux vides, tracé, semble-t-il avec quelque difficulté en noir, surcoloré en rouge. La mère, un peu anxieuse dans son expression, dessinée avant le père, est présente et multicolore. Les bras des deux personnages sont difformes. A gauche, dans la partie inférieure, on trouve l'autoportrait du garçon noir, inexpressif, à l'image du père par ses yeux vides. Au-dessus, la voiture du bébé, noire également.

LES DIVERS ASPECTS DU MONDE FAMILIAL DANS NOTRE SOCIÉTÉ

Le père, très rigide, dirige l'économie familiale, n'admet pas d'autre séjour de vacances pour les enfants que chez sa propre mère, dans l'agglomération. La mère est docile et fatiguée.
R. a du mal à se concentrer au test de maturation, il est pâle et maigre. Il redouble son CP, ne s'exprime pas, soigne son travail. Il s'ouvrira peu à peu. A 10 ans, il me sourit mais achoppe en parlant. L'état physique est encore limite.

Quelques observations à titre d'exemple.

Dans la famille X, le père est connu comme tyran domestique. La mère, dévouée, est au foyer. P. et L. sont tous deux pâlots et hypotrophiques. P. est un garçon timide, souriant, un peu maladroit (dessin de sa famille, Planche XI, fig. 1). La scolarité sans redoublement est marquée par la fatigue, l'apathie de l'enfant, en médiocre état physique, qui ne sort guère de chez lui.

L., sa sœur de 3 ans plus jeune, s'est épanouie en maternelle, elle est appliquée et émotive. Dans son dessin figure une maison mélancolique et, comme seuls personnages, la mère très joliment finie et elle-même. La scolarité sans redoublement est marquée par la fatigabilité, l'émotivité. La petite est tendue quand on passe près d'elle.

Dans la famille Y, le père est «sévère», avoue la mère, charmante mais accablée. M. est une fillette hypotonique, dont l'état général est médiocre, qui est écrasée de timidité, manque de toute confiance en elle. Le dessin est incomplet. Enfant intelligente, elle séjournera une année en classe d'adaptation après le Cours Préparatoire.

J.M. est un garçon de un an plus jeune, en état physique correct, mais très agité, son dessin est sombre (Planche XI, fig. 2). Il redoublera son Cours Préparatoire.

P. (Planche XXIII, fig. 7), de 6 ans plus jeune que son frère, pâlotte et hypotonique, fait un dessin de sa famille quelque peu hallucinatoire marqué par les gros yeux vides des personnages et leur stéréotypie.

Ce sont là des situations extrêmes mais réelles.

Les formes mineures, partielles, sont plus répandues : tels le dirigisme dans la programmation des loisirs familiaux sans tenir compte des besoins de l'enfant, et aussi le harcèlement scolaire, surtout signalé dans le cycle secondaire mais déjà présent à ce stade, et, à l'opposé, le refus d'investissement des parents dans le métier d'écolier de l'enfant : refus de fournitures scolaires, refus aux propositions de sortie ou d'activités de loisirs faites par l'école, etc.

Ce comportement des parents, dirigisme joint au désintérêt de l'enfant, est particulièrement nocif au cours de l'évolution du jeune vers l'état d'adulte responsable.

Nous conclurons en faisant remarquer combien les limites de ce despotisme parental sont difficiles à tracer, confinant à la carence parentale d'un côté, aux problèmes de violence, maltraitance ou alcoolisme parental de l'autre.

La psychopathie parentale

C'est une situation particulière parfois observée.

Les enfants réagissent au drame familial selon les circonstances, leur vulnérabilité propre, et à plus ou moins long terme. Ainsi, le dessin peut représenter l'ambiance familiale comme il le fait dans l'alcoolisme, la

Planche XII
La psychopathie parentale

1

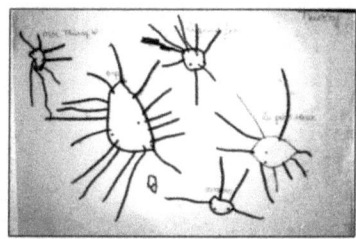

2

3

discorde. Ou bien il peut être extrêmement altéré, impressionnant dans sa régression et son message, et appeler à une prise en charge médicale rapide de l'enfant.

> Dans la famille de S. et T., la mère, dont la psychopathie est connue, présente des épisodes de décompensation.
>
> Le dessin de sa famille de S. (Planche XII, fig. 1), l'aîné, est petit mais coloré et ferme, localisé à la partie supérieure de la feuille : son petit frère et lui-même, schématiques mais agréablement colorés, encadrent la mère en jaune (celle-ci étant le personnage le plus important). A son côté se trouve un personnage mal identifié (c'est moi, c'est mon petit frère) et, à l'extrémité droite, le père très petit («c'est vrai qu'il est petit...», a-t-il commenté), et rouge.
>
> S. est un enfant en bon état physique, à personnalité originale connue en maternelle. A ma demande de répéter quelques mots difficiles utilisés pour le test de maturation, il me répond : «Ah les mots longs, je n'arrive pas! je suis encore à la petite école!». Aux Cours Préparatoire et Elémentaire 1, ses résultats s'avéreront de plus en plus médiocres alors que la psychopathie de la mère évolue. Il prend du poids, redouble son CE1, son QI est de 92/110. Il est obèse alors que la mère est hospitalisée. L'éthylisme du père se révèle à cette époque.
>
> Chez le petit frère T., que son aîné avait rapproché de la mère par la situation dans le dessin et la couleur, le problème est autre. T., de 5 ans plus jeune, a assisté à l'un des épisodes de décompensation aiguë de la mère.

Le dessin de sa famille représente des larves ovoïdes, hérissées de traits courts, brisés. Une seule couleur : le rouge. Deux yeux rouges font de ces formes des personnages désorientés dans l'espace de la feuille : celui du père est le plus important, central, celui de la mère, minuscule, est le moins régressif, du type têtard avec ébauche de tronc. Le petit lui-même est tassé à l'opposé de la feuille, près du père (Planche XII, fig. 2). Le graphisme est mal assuré.

L'enfant opposant, mutiste et angoissé, a été pris en charge pédopsychiatrique dès sa scolarisation en maternelle.

Un autre exemple : dans la famille de Sa., le dessin comporte trois personnages rudimentaires en vert, quelque peu inquiétants par leur expression. Sa famille est incomplète : la mère, psychopathe, est en effet absente du dessin. Le frère est le plus évolué dans sa figuration. Les deux autres personnages, constitués de cercles munis de quatre traits désorientés, frappent par leur immaturité, la non-maîtrise du tracé et sa violence. La tête est agrandie, l'œil valorisé (Planche XII, fig. 3).

Le mutisme de Sa. en maternelle était entretenu par sa mère. « Elle ne parle pas, vous savez. » Récemment, la mère semble avoir amené la petite à parler. Sa. dit à sa mère : « J'ai fait ce dessin, j'ai dessiné Papa ».

C'est une belle enfant, énurétique. Le test de maturation est resté très incomplet. Sa. est suivie par un pédopsychiatre.

De tels dessins sont signalés par P. Wallon et M. Delgorgue (1990 : 180) comme évocateurs de psychose chez l'enfant sans qu'on puisse parler de type pathologique : « Le corps est larvé ou ovoïde avec une tête énorme, des yeux exorbités ».

Le dessin de leur famille chez ces enfants peut, comme on a pu le voir, apporter des éléments relationnels entre les différents membres, concernant en particulier le parent psychopathe. Et on peut espérer ainsi adapter plus utilement l'aide apportée à l'enfant dans sa vie scolaire.

La délinquance parentale

Situation familiale exceptionnelle, elle est présentée par l'enfant d'une façon particulière dans deux cas rencontrés. Un troisième cas illustrera l'évolution de la vision familiale de l'enfant grâce à l'attention dont il a pu être l'objet dans sa vie scolaire.

Dans le dessin de sa famille que T. (Planche XIII, fig. 1) a réalisé, la scène est vivante et colorée : à l'avant-scène, le père en gros plan, l'écouteur aux oreilles, reçoit la visite de deux représentants de l'ordre en uniforme convenablement coloré, fort avenants, dont l'un fume. Les autres membres de la famille sont à l'arrière-plan, figurés par une rangée de têtes, tels des spectateurs contemplant le père, héros de l'aventure.

Cette figuration, digne d'une bande dessinée, est plus proche de celle de l'enfant de 8 ans que celle d'un enfant de 6 ans.

T. est un enfant en bon état général dont l'état d'hygiène est limite. Il présente une énurésie irrégulière. En maternelle, c'est un écolier quelque peu bagarreur qui a du mal

Planche XIII
La délinquance parentale

1

2

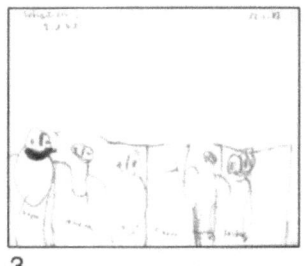

3

4

à tenir en place. Le père a un emploi régulier; il a été arrêté pour tapage nocturne. La mère a un emploi à mi-temps. Lors du bilan de maturation à la visite préscolaire, la mère rit quand l'enfant bute contre l'une ou l'autre difficulté, ce qui n'aide pas le petit. Or, c'est un enfant remarquablement attentif et observateur.

Le dessin de N. (Planche XIII, fig. 2) est quelque peu rudimentaire mais coloré. Il retrace clairement l'aventure du père : la police occupe le centre du dessin là aussi, et là aussi sépare le père du reste de la famille. A droite, le père, en rouge, seul et fermement présent, à gauche, la famille spectatrice : la mère en vert, l'enfant et sa sœur.

N. se présente en maternelle comme un enfant opposant, agressif envers l'adulte. Il a des capacités et est pris en charge psychologiquement. L'état général est bon, il existe une énurésie épisodique. Il faut l'aider à se calmer, à la visite préscolaire, avant le test de maturation qu'il parvient alors à réaliser de façon satisfaisante. Sa sœur aînée est à l'école de plein air, la mère est au foyer. Le père est incarcéré et magnifié par la mère.

Le troisième cas est celui de S. (Planche XIII, fig. 3 et 4) dont la famille vit une situation difficile et est prise en charge socialement. L'enfant est le 3e de quatre. Le père est incarcéré.

C'était, à 3 ans, un enfant jouant tout seul en classe, pâlot, à la fois fatigué et agité, appliqué et attachant. Son bilan de maturation psychomotrice était bon. Il a été pris en charge quelque temps à l'hôpital de jour puis a refusé d'y aller.

Revu à 6 ans, S. est grand, pâle, a les yeux cernés. L'état général est toujours déficient. L'orthophoniste signale un retard de parole et de langage sans doute par pauvreté d'apport familial. En fin de scolarisation en maternelle, c'est un enfant intelligent et solitaire qui ne supporte pas les autres.

Son bilan de maturation est remarquablement bon. Or, le dessin de sa famille est une stéréotypie fruste : chaque personnage tracé en jaune, très pauvrement figuré, est encastré dans une case d'une série de logettes. Le père a été dessiné le premier, notable par sa barbe brune (Planche XIII, fig. 3).

Il est utile de comparer ce dessin à celui de sa famille réalisé l'année suivante au Cours Préparatoire (Planche XIII, fig. 4). C'est un dessin mûr et coloré où S. s'est placé à côté de son père, toujours incarcéré. Cela après une année scolaire chez une enseignante pleine d'attention souriante pour ses petits écoliers et remarquable pédagogue.

L'alcoolisme parental

Cinq millions de « malades de l'alcool » dans notre pays doivent être pris en charge. Et le dispositif de prise en charge doit être renforcé en fonction de trois priorités :

– les soins aux alcoolo-dépendants,

– la prise de conscience du problème de santé publique que représente l'usage nocif de cette drogue dite mineure,

– la prévention dans les populations à risque (*Le Quotidien du Médecin*, 18 mars 1999).

La gravité de la situation de fait est ainsi brièvement définie, mais fort incomplètement.

En effet, ce bilan concerne uniquement la situation des individus. Elle ne met pas en lumière le fait que lorsqu'on dénombre les individus dits « malades de l'alcool », on dénombre également, dans la mesure où ils vivent en famille, les familles « malades de l'alcool ». C'est cette réalité que le dessin de l'enfant de 6 ans nous révèle. L'existence du parent alcoolo-dépendant est le plus souvent masquée : elle peut être fortuitement extériorisée par un traumatisme (coups, blessures, fractures chez l'écolier ou un membre de la famille), par la fuite de la mère et des enfants, par l'apparition à l'école d'un parent fortement imprégné, par une séparation parentale, par des rumeurs qui vont se précisant à partir du voisinage et souvent *a posteriori*, etc.

Mais l'enfant, lui, vit la situation au quotidien et la dévoile dans son dessin. Il cible le parent alcoolo-dépendant, le met en lumière. La notion de couple alcoolique marque l'ambiance. Dans tous ces cas, l'altération du dessin est pratiquement constante, nous le verrons.

Se préoccupe-t-on de cet univers familial que l'enfant nous décrit ?

Certes, l'adulte malade est traité, pris en charge. On tente de l'amener à vaincre sa dépendance. On se préoccupe du soutien au conjoint. On essaie de prévenir, et c'est une urgence, les répercussions sur l'enfant à naître. Mais l'enfant né, se préoccupe-t-on de ses conditions d'existence au cours de toutes ces années, longuement vécues dans ce milieu destructeur ?

Il arrive qu'on étudie cet enfant pour déterminer sa précocité de contact avec les boissons alcoolisées, pour observer la transmission culturelle de la consommation d'alcool de père en fils. On dresse la liste des troubles relevés chez ces enfants, dans le cadre des études de la descendance de l'alcoolique : épilepsie, dysmorphies, énurésie, débilité mentale, retard staturo-pondéral, difficultés scolaires... et on y mêle sans les différencier les conséquences organiques du syndrome d'alcoolisme fœtal (dysmorphies, débilité, etc.) et les troubles réactionnels à son milieu familial.

Or, comme l'écrit M. M. de Mendonça (1976 : 423), « contrairement à ce que la majorité des auteurs ont laissé croire, la plus grande partie des troubles neuropsychiques décrits dans la descendance des alcooliques ne nous semble pas constituée par des maladies organiques du genre oligophrénie, épilepsie, encéphalopathies diverses. Elle est constituée, selon notre casuistique, par des syndromes réactionnels et des névroses infantiles, décelées dans la totalité du groupe A (famille alcoolique) et présente dans 24 % seulement des enfants du groupe B (témoin) ». C'est ce que confirme notre étude en milieu scolaire (J. Mantz, 1985).

Que nous disent donc ces dessins (Planche XIV) dans leur différence avec ceux habituellement observés ? Cette différence peut être légère, mais significative pour certains, impressionnante pour d'autres, tous les intermédiaires existant. Beaucoup visualisent des familles où les enfants sont en grande difficulté, enfants qu'il faudra spécialement étudier, soutenir. On ne peut les regarder sans être frappé par la pauvreté de ces dessins, la tristesse profonde, l'anxiété, le poids du souci qui peuvent en émaner, sans s'interroger devant d'autres régressifs, répétitifs, pleins d'instabilité, et que dire de la violence, de la terreur même qui peuvent surgir de certains d'entre eux ?

Le tracé des personnages est souvent immature en raison de la charge affective du thème qui trouble les moyens de l'enfant. Les couleurs utilisées, la disposition, l'expression des personnages donnent au message narratif du dessin sa tonalité triste, sombre mais aussi pleine d'agitation,

Planche XIV
L'alcoolisme parental

1. A. a dessiné une mère-bouteille carmin au visage bouchon, doux dans son expression, que contemplent père et fille.
La discorde règne entre les parents et la mère s'enfonce dans un alcoolisme qu'elle essaie de masquer aux yeux de la petite à laquelle elle tient beaucoup. Le dessin étant le reflet du moment sans doute réactif à une parole ou un épisode récent, sur un nouveau dessin de leur famille fait par les écoliers en classe 15 jours plus tard, la mère d'A. a retrouvé ses proportions mais reste soulignée. Elle ne survivra guère au départ du père et de la fillette.

2. Le dessin de D. est d'une tristesse pesante : sous un ciel sombre et bas, on distingue les ébauches des personnages et la maison vide.
Cet enfant vulnérable dont les parents sont tous deux alcooliques a un QI de 110. Malgré les efforts des enseignants pour l'aider à utiliser ses possibilités, il accuse deux années de retard scolaire et rejoindra en 6e une section d'enseignement spécialisé.

3. Le dessin de A., au trait effleuré, sinueux, représente le père à la limite de la monstruosité dans sa figuration corporelle, singulièrement redoutable, la bouche ensanglantée.
A. ne parle pas, ne réagit pas en présence du père dont l'alcoolisme et l'agressivité sont connus. La mère est presque aveugle. Revu seul, l'enfant retrouve ses moyens. En classe, le soutien de l'enseignant lui est précieux.

4. G. s'est perdu dans ce dessin sombre en ébauches en tous sens et en surcharges, témoins de sa confusion, de ses troubles grapho-moteurs, de la lenteur de son éveil.
4e enfant de parents alcooliques, il a perdu sa mère très intoxiquée quelques mois après sa naissance. Son altération physique est accompagnée de déficiences sensorielles. Grâce à l'abstinence du père et aux soins qui l'entourent, il progressera très doucement dans une filière adaptée.

5. Dans le dessin de C., le père, aux couleurs vénéneuses, aux gros yeux sombres, se détourne du reste de la famille.
Il s'agit d'un alcoolique dont la violence chasse périodiquement les siens hors de la maison, la nuit. La mère continue à soutenir courageusement le foyer.

6. Le père de T., au regard étrange, attire l'attention par les singulières émanations soigneusement colorées qui le surmontent.
Ce père, alcoolique, peut être violent.

7. B., le frère, réduit la famille à une maison (?) dans une solitude absolue.
Son comportement va s'altérant et alarme les pédopsychiatres consultés. Au cours moyen, on le confie à un maître dont la bonté ferme, bourrue et attentive le stabilisera ainsi que le confirmeront les pédopsychiatres.

8. Le dessin de J.P. est régressif au point de n'être qu'une succession de têtards claudicants dont le dernier à droite aux yeux sombres introduit la présence du père grand alcoolique.
La mère, épuisée, très amaigrie, n'est pas représentée. Cet enfant intelligent et fatigué accomplira normalement sa scolarité élémentaire grâce au soutien des enseignants.

LES DIVERS ASPECTS DU MONDE FAMILIAL DANS NOTRE SOCIÉTÉ 77

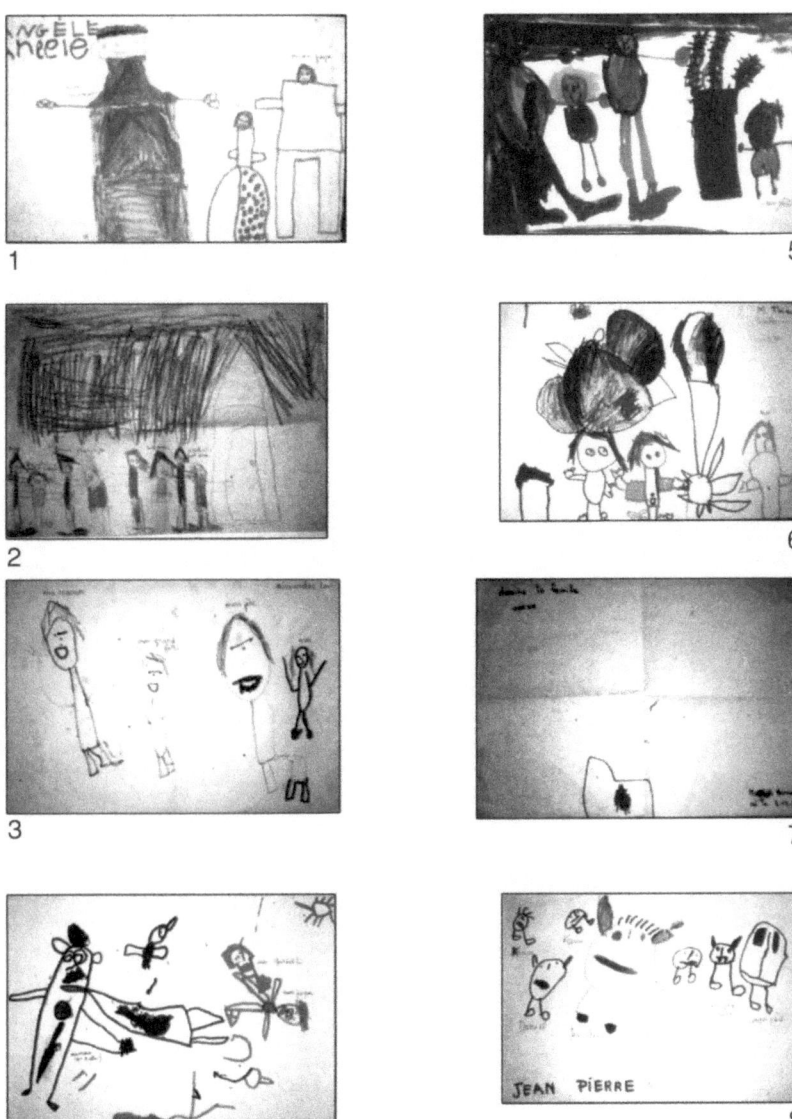

de violence. Les difformités de certaines parties du corps (gros yeux vides, bouche en grillage, bras et jambes à pseudopodes), les stéréotypies signant le blocage, les dessins désertiques ou hallucinatoires montrent à quel point l'enfant est amené à la limite de sa résistance.

La croissance staturo-pondérale de ces enfants est souvent insuffisante, et on ne s'en étonnera pas. Mais on attribue trop souvent leur retard scolaire fréquent (70 % des cas dans notre étude) à une débilité inexistante dans la plupart des cas, ce que les enseignants sont les premiers à souligner : « Il serait capable, il pourrait, ses possibilités sont bonnes, mais il est toujours si fatigué ».

Que se passe-t-il ?

L'écolier est indisponible : il ne semble pas avoir la liberté d'esprit qui lui permet de s'intéresser, ni même d'utiliser des capacités intellectuelles, existantes, reconnues. D'autre part, l'écolier est épuisé par un état de stress permanent. Il n'a pas la force, le courage ou l'envie d'apprendre.

On retrouve l'enfant de M. M. Mendonça (1976 : 425) présentant un retard scolaire important : « Parfois, disait-il, je ne comprends pas ce que le maître veut nous apprendre... J'ai toujours présente dans ma tête l'image de mon père en train de battre ma mère ; quelquefois, je m'enfuis de l'école et je rentre chez moi pour voir ».

Telles sont les conséquences de la toxicité du milieu familial : sidération de l'activité intellectuelle, épuisement physique dû au stress et, inévitablement, entrave à l'épanouissement de la personnalité de l'enfant et troubles du comportement.

Ajoutons quelques commentaires des enseignants à propos des enfants :

« Il est toujours fatigué, éteint...
parfois anxieux, se recule quand on s'approche...
nerveux, agité de tics, il bégaie, se tord les doigts...
parfois fatigué et agressif à la fois, de caractère difficile...
son attention est fugitive, il est absent même quand il est là...
il a du mal, il va très doucement...
c'est dommage, il pourrait, il est capable...
... mais il est toujours si fatigué. »

En conclusion

La toxicité de l'alcoolisme parental qui s'exerce de façon prolongée tout au long de l'enfance est sous estimée, occultée même. Il est grand temps de reconnaître cette situation de danger qui n'est pas réservée aux romans naturalistes du XIXe siècle, de reconnaître cette situation, certes, mais aussi de la faire connaître. Cette insécurité familiale est un véritable handicap social aux lourdes conséquences. Tout peut survenir : réaction agressive, psychose chez l'enfant, violence réactionnelle chez l'adolescent. Chez les incarcérés adultes, comme chez les jeunes délinquants, la fréquence de l'alcoolisme parental n'a-t-elle pas été signalée ? (D. Dallayrac, 1971 ; D. Barrucand, 1982).

L'adolescent qui brûle des voitures dérange. L'avenir des incarcérés pose problème... Ces arguments auront sans doute plus de poids que celui de la souffrance, du malheur de l'enfant. Ils permettront peut-être que l'équipe de travailleurs sociaux, enseignants, médecins et infirmières scolaires, fonctionne avec plus de moyens pour venir en aide aux enfants avec l'appui des parents (cela est possible), sans que leur univers familial soit exposé à tous.

La violence familiale

L'observation montre qu'il existe des cas où la violence comportementale est inhérente à la famille : brutalité physique des rapports entre les divers membres de la famille, en particulier à l'intérieur du couple. C'est ce qu'on qualifie de violence domestique. L'incidence en a été, en France, pour la semaine du 4 au 10 octobre 1999, de 123 cas pour 100.000 habitants, ou encore, pour 1998, le nombre annuel de consultations pour violence, en médecine générale en France, s'est situé entre 295.000 et 470.000.

L'enfant exprime dans son dessin cette violence physique quand elle existe (Planche XV, fig. 1.2). Il est lui même exposé à cette brutalité dans ces familles, d'autant plus que la violence a été considérée comme un moyen éducatif depuis des siècles et est encore parfois pratiquée. Notons que l'alcool est souvent un facteur favorisant et déclenchant.

La violence verbale va souvent de pair avec la violence physique. Elle peut exister isolée. Nous en voyons des exemples dans des cas d'alcoolisme parental et aussi dans des situations qu'on peut qualifier de tyrannie parentale (Planche XV, fig. 3.4).

Planche XV
La violence familiale

A. *Violence physique*

1. Violence du dessin de W., violence du trait, des couleurs rouge sombre, barbouillage impulsif des personnages dont la bouche est grande ouverte. Le tracé s'adoucit tout juste pour faire jaillir à gauche cette grande fleur jaune et pour dessiner à droite l'animal familier près duquel se situe l'enfant à l'ombre de sa mère.
«Mon père bat ma mère.»

2. Le père d'H., rouge et vert, au visage redoutable, occupe l'espace dans ce dessin agité aux couleurs violentes. Les mains sont impressionnantes, l'une gigantesque, l'autre projetée sur le visage de l'enfant. Les trois frères et sœur occupent les places libres. Où est la mère? C'est ce petit personnage jaune, recroquevillé près du bébé.
Le père est un homme nerveux, inquiet, dit-on, pour son emploi. Les lésions itératives constatées chez l'enfant ont amené une convocation avec mise en garde puis un signalement.

B. *Violence verbale*

3. Dans le dessin d'A., la famille occupe la partie inférieure de la feuille. La figure du père, la tête énorme, la bouche ouverte en un rictus, la domine. Les teintes rouge et marron appesantissent l'atmosphère. La mère est présente, souriante, symétrique de l'enfant dans sa position et sa figuration. A. n'a jamais son matériel scolaire, ni d'autorisation d'excursion. C'est un enfant paralysé par la timidité. L'école le met à l'abri des vociférations du père et il y progressera peu à peu.

4. La famille de S. n'est qu'un défilé monstrueux d'insectes noirâtres aux gros yeux sombres ou vides. Le père peu attrayant se situe à gauche. La mère à droite est le seul personnage d'aspect encore relativement humain. S., tout petit au centre, voisine avec un être qui le hante et qu'il voit partout : le clochard dessiné en surimpression et en rouge. Le père, alcoolique, invalide, grand hypochondriaque, emplit la maison de ses injures et de ses imprécations. La mère est épuisée. L'enfant, dont l'état nous préoccupe, est admis à l'école de plein air, ce qui l'éloignera de la maison dans la journée. Une aide éducative en milieu ouvert sera apportée à la mère.

1

2

3

4

La lettre qu'écrivit F. Kafka quelques mois avant sa mort, lettre à son père, illustre bien ce climat délétère, lourd de conséquences pour l'enfant. Kafka dit être devenu un être «faible, anxieux, hésitant et inquiet» devant cet «homme gigantesque». «Tout ce que tu me criais était positivement pour moi comme un commandement du ciel» (1996 : 101).

La maltraitance

L'Observatoire National de l'Action Sociale Décentralisée distingue, dans la population d'«enfants en danger» (83.000 signalés en 1998), à côté des sujets «en risque», c'est-à-dire inadaptés sociaux, prédélinquants (64.000), des enfants dits «réellement maltraités» : ce sont des enfants victimes de négligences graves, de violences physiques, psychologiques, d'abus sexuels (19.000 signalés en 1998).

Ce sont ces enfants «réellement maltraités» que nous envisagerons.

Notons que ces quatre sortes de maltraitance ne sont jamais isolées, notons aussi que chaque cas est différent (Planche XVI).

Nous avons vu, dans le cas de la violence familiale, l'enfant en être victime. Mais ici se surajoute un problème particulier parental : trouble profond de la personnalité sous une apparence de normalité, traits paranoïaques, perversité, sans parler des problèmes de dynamique du couple et aussi du rôle de l'alcool.

Il est intéressant de voir F. Dostoïevski en relater un cas dans *Les frères Karamazov* (Tome I : 284) : «J'ai encore mieux Aliocha», dit Yvan... «Il s'agit d'une fillette de 5 ans prise en aversion par ses père et mère, 'd'honorables fonctionnaires instruits et bien élevés'. Je le répète, beaucoup de gens aiment à torturer les enfants, mais rien que les enfants. Envers les autres individus, ces bourreaux se montrent affables et tendres, en Européens instruits et humains, mais ils prennent plaisir à faire souffrir les enfants... Donc, ces parents instruits exerçaient maints sévices sur la pauvre fillette. Ils la fouettaient, la piétinaient sans raison ; son corps était couvert de bleus. Ils imaginèrent enfin un raffinement de cruauté...

... Je ne parle pas des souffrances des adultes... Mais les enfants !»

Les signes de maltraitance sont variés : quelques exemples personnels :
– c'est le garçon de 7 ans hospitalisé d'urgence après avoir été brutalisé et battu par le compagnon de sa mère,
– c'est la fillette de 11 ans qui en paraît 8 arrivant en classe les mains et les bras zébrés de coups : elle n'a pas fait les lits assez rapidement,
– c'est le garçon de 5 ans hospitalisé pour péritonite après éclatement du rectum : il a été sodomisé par le compagnon de sa mère, elle-même alcoolique, en présence de sa sœur de 7 ans,
– c'est le petit de 3 ans, brutalisé par sa mère, convalescent d'une fracture du crâne, confié à une famille nourricière : il porte, sur d'anciennes cicatrices d'angiomes traités, des brûlures de cigarettes encore suintantes. Il est ramené chez ses parents en fin de semaine, bien qu'il cache ses chaussures pour l'éviter et il revient roué de coups,
– c'est la fillette de 4 ans couverte d'hématomes strictement localisés à la surface cutanée recouverte par les vêtements.

Outre ces violences de toutes sortes, notons l'insuffisance de croissance staturo-pondérale, ces enfants étant affamés chroniquement, véritables enfants-bonsaï, et un signe encore : leur silence.

De toute façon, le spectacle de l'enfant bleu de coups, le visage tuméfié, morne et comme hébété, ne s'oublie pas. Mais qui le voit ?

Les conséquences

Elles sont pour ces enfants à fois proches et lointaines :

– physiques, allant jusqu'au handicap grave (cécité par exemple) et à la mort,

– psychiques pouvant aboutir au suicide,

– comportementales chez des enfants marqués à vie et aussi idéales pour la formation de futurs parents maltraitants.

Que convient-il donc de faire ?

Tout d'abord, assumer l'urgence et signaler : c'est en particulier le rôle du médecin, le secret professionnel étant levé. C'est pour tout citoyen une obligation d'aide à personne en danger. Les modalités de signalement peuvent permettre une intervention rapide si besoin est.

Quelles solutions adopter ?

Elles doivent en priorité mettre l'enfant à l'abri, l'aider à oublier et à revivre.

Les solutions juridiques existent : retrait, placement dans une famille d'accueil stable ou en institution, abandon par les parents ou retrait des droits parentaux rendant l'adoption possible, de même que l'utilisation chez l'enfant placé du désintérêt des parents d'une durée supérieure à un an.

Mais elles sont loin d'être toujours utilisées car

– les possibilités de métamorphose des parents, l'importance du lien mère-enfant sont surestimées,

– la souffrance de l'enfant et ses conséquences sont sous estimées,

– les facteurs économiques interviennent.

Trop souvent, c'est le retour dans le milieu familial, la solution de prise en charge la moins onéreuse, où, sous la garantie du suivi par l'Aide Educative en Milieu Ouvert, l'enfant sert de test et de matériel de travaux pratiques à la rééducation des parents : il vit alors dans un univers concentrationnaire où les sévices ont changé de forme (J. Mantz, 1980) : « Une organisation perverse ou fortement infiltrée de traits paranoïaques, une connivence excessive dans le couple sont des éléments de mauvais pronostic. Il peut être utopique, voire dangereux de le maintenir dans sa famille » (J. de Ajuriaguerra & D. Marcelli, 1982 : 384).

Planche XVI
La maltraitance

1. La famille de S. est rouge, fermement, presque agressivement dessinée. S., la première à gauche, est la seule entièrement structurée. La mère, au centre, avec des bras démesurés, le petit frère sont des personnages régressifs. Il manque le père.
Ce dessin est resté inexpliqué jusqu'au jour où la petite, lors d'une consultation hospitalière, a révélé à l'infirmière les abus du père à son égard. Un signalement s'en est suivi.

2. L'enfant n'a pas identifié ces ébauches de personnages dysmorphiques noirs ou jaunes, éclairés par un soleil hérissé.
Retiré à la famille (la mère, son compagnon, deux demi-sœurs) pour sévices, W. a été rendu sous Aide Educative en Milieu Ouvert. L'éducatrice parvient à voir l'enfant... à l'école. Les traces de coups sont devenues rares, mais le garçon est affamé et enfermé.

3. Au CP, sur la demande de l'enseignante aux élèves de dessiner l'emploi du temps de leurs 15 jours de vacances, il a représenté le lit dans la chambre où il a été maintenu jour et nuit. Les signalements restent sans effet. Une tante résoudra le problème en emmenant l'enfant.

4. S. dessine des figures de cauchemar rouges et noires, couleur de sang et de deuil. La mère, auteur des sévices, d'aspect impressionnant, est au centre, la sœur aînée à gauche, lui-même à droite également dysmorphique avec un geste d'appel semble-t-il.
Au verso, les figures analogues du père souvent absent qui masque la situation et des deux petits frère et sœur.
Il existe un problème de couple et d'alcoolisme chez la mère. Les trois enfants scolarisés sont frappés, affamés. Le signalement fait avec constat (hématomes et brûlures de cigarettes) amène le placement des enfants en externat — cela un an après le retrait du chien par la SPA sur plainte des voisins... Les parents divorceront et le père aura la garde des enfants.

5. S. représente toute sa famille sous cet aspect régressif de bonhomme-tronc aux yeux sombres.
Il a été retiré à sa famille après un traumatisme crânien et confié, avec son jumeau, à une nourrice brutale qui ne le supporte pas... Signalement fait.

6. E. trace ces figures dysmorphiques sur le thème «Dessine ta famille». Le père n'est pas représenté mais une petite cousine au visage barbouillé de noir.
L'enfant en classe est agréable et parfaitement intégré. Mais la mère pleure en me racontant qu'E. n'a pas oublié les sévices du père qu'elle a fui.

De plus, les solutions sont proposées à condition que la gravité de la situation soit reconnue, or, si le dessin parle, l'enfant, lui, ne parle pas, il n'est pas entendu avant l'âge de la pré-adolescence et alors c'est trop tard.

Enfin, les réactions du jeune enfant sont interprétées : ainsi ai-je entendu qualifier de «futé» lors d'une réunion de synthèse ce petit de 3 ans qui reculait en voyant son père nourricier allumer une cigarette et qui disait : «Tu brûles pas?» (J. Mantz, 1990).

Aussi, quand les expertises et contre expertises, toujours à l'écoute des parents, ont suffisamment brouillé les pistes, faut-il s'étonner d'avoir vu maintenir un enfant dans sa famille pendant 5 ans alors que l'indication de retrait était formelle au départ? (Ph. Chaillou, 1992 : 106).

Le Juge Ph. Chaillou énonce les sanctions prononcées à l'égard des parents : pour 40.000 à 50.000 enfants maltraités, 1.600 à 1.700 infractions, 500 à 600 condamnations par les tribunaux correctionnels, une dizaine par la Cour d'Assises.

Ces procès, fortement médiatisés, sont devenus occasions de voyeurisme et de frisson. A peine trouve-t-on dans la presse quelques lignes concernant l'enfant, s'il est encore en vie, généralement placé, en attente, depuis plusieurs années, le cours de la justice étant fort lent... « Signaler un enfant ? Bien sûr... mais pour ce qu'on en fait ! », me disait une assistante sociale.

Combien de temps faudra-t-il encore pour que les solutions existantes pour la sauvegarde de l'enfant soient rapidement et régulièrement utilisées ?

LA FAMILLE ABSENTE

Ce chapitre sera consacré au témoignage par le dessin de leur famille de trois enfants placés dans trois familles d'accueil du quartier. Ce témoignage permettra de s'interroger sur le sort des enfants délaissés par leur famille, et sur les difficultés de l'adoption en France.

On met en lumière très volontiers les échecs de l'adoption, très rarement les possibilités, les chances nouvelles données à l'enfant dans ce cas. On accumule les obstacles à l'adoption tant du côté des enfants, si rarement et si lentement déclarés adoptables, que du côté des parents candidats, toujours imparfaits et même suspects par définition. Cette solution, même si elle n'est pas parfaite (y en a-t-il une qui le soit en dehors du rêve de la transformation des géniteurs de ces enfants en parents responsables et chaleureux ?) est la moins mauvaise ! Utilisée très tôt, elle peut être la chance de ces enfants : les aider à oublier, les aider à repartir.

V. (Planche XVIII, fig. 1) est une fillette, recueillie temporaire, placée en garde dans une famille d'accueil du quartier. Elle aurait un frère. La mère ne semble pas se manifester. C'est une enfant robuste qui, en maternelle, témoigne d'une certaine immaturité et d'un retard d'acquisitions. Effectivement, elle nécessite des explications supplémentaires lors du test de maturation.

Planche XVII
La famille absente

1

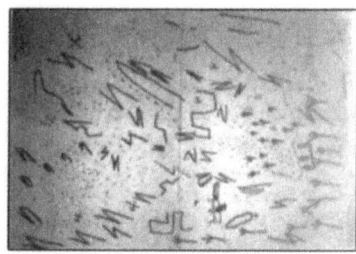

3

2

4

Au Cours Préparatoire, elle s'applique beaucoup en classe, cherche l'approbation et se trouve dans la moyenne. C'est, semble-t-il, une enfant dont on ne s'est guère occupé en famille et qui cherche à rattraper son retard.

Le dessin de V. est unicolore, mais il représente une famille au grand complet : la fillette s'est tout simplement dessinée, personnage à part entière, dans sa famille d'accueil, petite figure souriante, entre le petit garçon très présent et les parents nourriciers quelque peu démesurés et immatures dans leur figuration.

R. (Planche XVII, fig. 2 et 3) est placé comme recueilli temporaire dans une famille nourricière du quartier. La mère semble hors du circuit. Le père vient chercher l'enfant tous les huit jours en principe, mais le plus souvent tous les 15 ou 21 jours. Le dimanche, le petit, habillé, prêt à sortir, attend son père toute la journée derrière la vitre — «Alors, dit la nourrice, femme simple et bonne, il est un peu pénible le lundi».

Dans son dessin (Planche XVII, fig. 2), le petit R. a concentré les éléments de la vie familiale chez ses parents d'accueil dans une maison cernée de rouge à la cheminée embrasée. Les personnages sont tout juste évoqués par le dessin, mais tous commentés. Ce commentaire verbal de l'enfant (où le mot «papa» revient quatre fois, où il dit «j'ai deux papas») noté sur le dessin par l'enseignante montre l'importance qu'a pour lui le père et ce vide qu'il tente de combler.

C'est un enfant intelligent qui, en maternelle, s'est attaché à la maîtresse, pose la tête sur son épaule quand elle s'assoit.

A la visite préscolaire, c'est un enfant souriant, direct, un peu pâlot : il passe ses vacances en principe avec son père, en réalité au foyer de l'enfance où son père le conduit au bout de deux jours.

Au Cours Préparatoire, il ne veut rien faire, il est monté par le père contre la nourrice (qui reçoit effectivement des lettres agressives du père et en a peur). C'est un enfant plein de possibilités, mais l'expression graphique est de plus en plus réduite. Le petit se détruit progressivement. Une cure d'un an est obtenue dans une maison d'enfants du midi, spécialisée et attentive. R. est revenu pour les vacances d'été chez son père qui l'a fait réintégrer le foyer de l'enfance après trois jours. Mais le petit, à la rentrée, a essayé de faire illusion, parlant d'un séjour de vacances en compagnie de son père. « Il ne croit plus à rien », dit l'enseignante, et, blasé devient agressif. Ses dessins sont préoccupants (Planche XVII, fig. 3).

Une deuxième année dans cette maison du midi est obtenue. Par contre, l'année suivante, son placement de longue durée dans une maison chaleureuse d'enfants, où une place était libre, est refusé : cette maison se situait dans le département voisin du nôtre, et le placement dans un village SOS de notre département n'a pas été davantage accepté...

P. (Planche XVII, fig. 4) est une enfant recueillie temporaire, placée dans une famille d'accueil du quartier.

La mère vit avec un nouveau compagnon qui « veut bien » de la petite de temps en temps. En principe, cette visite chez la mère a lieu toutes les trois semaines, mais, de plus en plus, la mère se décommande. Alors, la petite pleure.

En maternelle, l'activité est très moyenne.

A la visite préscolaire, la fillette vient accompagnée par la nourrice, elle est en bon état général. Son test de maturation nécessite des encouragements réitérés.

Au Cours Préparatoire, l'enfant, dit la nourrice, voit maintenant sa mère tous les 15 jours, mais le résultat n'est guère bénéfique. La petite, malgré des efforts en écriture, est dépassée dans les apprentissages. Elle refuse à la maison de relire sa page du jour.

Comment a-t-elle figuré sa famille ?

Sa famille ? elle n'en a pas : elle est seule, petite figure noire, les bras ouverts, isolée dans l'espace de la feuille. En face, la maison, en bleu et jaune, vide il est vrai.

LA FAMILLE BLESSÉE

La maladie, le handicap

La maladie ou le handicap d'un membre de la famille teintent le climat familial et sont lourds à porter. La famille assume ce fardeau de façon différente, selon la nature de la maladie ou du handicap, selon la réactivité des personnes. Trois exemples d'un handicap dans la fratrie et deux cas de maladie d'un parent en montrent divers aspects. Il s'y ajoutera le dessin d'un enfant lui-même atteint.

S. (Planche XVIII, fig. 1) dessine une famille de taille réduite, tassée dans le coin inférieur gauche de la feuille. Les personnages sont inclinés vers la gauche, comme désta-

Planche XVIII
La famille blessée : la maladie, le handicap

bilisés par le poids du dernier membre de la fratrie (la petite sœur) qui s'appuie sur eux. Les couleurs sombres (une majorité de vert foncé, de marron, de rouge, un peu de bleu foncé) ajoutent leur mélancolie. Pourtant, le père, premier personnage à gauche, est stable et présent; la mère, elle, fortement présente, est pleine d'énergie contenue, mais déjà légèrement inclinée. Les quatre enfants sont étroitement serrés.

La petite sœur est un sujet de souci en raison des troubles résultant des séquelles d'une spina-bifida. La mère lutte de toutes ses forces contre le sort qui l'a accablée en veillant à l'insertion de la petite dans le cycle scolaire normal : elle vient à intervalles réguliers la changer à l'école. Elle résiste à l'idée d'adresser l'enfant à un centre spécialisé où existe une scolarité classique et où l'enfant se sentirait moins hors norme. L'angoisse la rend agressive. Les difficultés d'apprentissage rencontrées par le petite au Cours Préparatoire l'amèneront à accepter la proposition d'une solution mieux adaptée à sa déficience physique et intellectuelle, et à son épanouissement futur.

E. (Planche XVIII, fig. 2) est un bien charmant enfant, en bon état général, attentif et appliqué lors de son test de maturation qu'il réussit fort bien. Sa sœur, de un an plus âgée, est scolarisée au centre Louis Braille pour cécité complète.

Dans sa classe, en maternelle, il s'applique, il s'applique beaucoup. « On a l'impression, dit l'enseignante, qu'il s'applique aussi pour rester sage et raisonnable alors qu'il aimerait parfois être aussi turbulent que d'autres. »

Le dessin d'E. donne une vision sympathique, souriante et calme de la famille dont les membres, harmonieusement situés, sont soigneusement dessinés et coloriés. Lui-même, petit personnage jaune et gai, s'oriente légèrement, semble-t-il, vers sa sœur que rien ne singularise. Un nuage violet plane au-dessus des personnages.

La sœur de S. (Planche XVIII, fig. 3) présente une déformation vertébrale suffisamment importante pour lui donner une certaine difformité, ce qui amène des difficultés de la part des camarades en scolarité primaire : on connaît la réaction cruelle possible des enfants après le passage des 7/8 ans devant toute anomalie. La famille choisira, sur le conseil du chirurgien orthopédiste qui m'a contactée, la scolarisation dans une maison d'enfants des Alpes.

S., enfant intelligente et énergique, dans un dessin très mûr vigoureusement mené, campe une famille sympathique, diversement colorée, pleine de dynamisme. Elle a dessiné, à côté d'elle-même, sa sœur handicapée, droite comme un i, souriante, unicolore, verte, le personnage le plus grand de tous. Elle-même s'est figurée en rouge et vert, légèrement orientée vers sa sœur.

La maman de L. (Planche XVIII, fig. 4) est bien jolie et remarquablement figurée au centre du dessin. La petite s'est placée près d'elle, sans ajouter son frère et sa sœur aînée. La physionomie du père à droite peut quelque peu nous intriguer.

La maman de L. est atteinte d'une maladie maligne pour laquelle elle est traitée à l'hôpital tout proche. Le père paraît peu disposé à apporter le soutien nécessaire et, l'année suivante, il quittera le foyer, emmenant les deux aînés, laissant seules la mère et l'enfant qui, en classe, traverse un passage à vide...

M. (Planche XVIII, fig. 5) dessine une succession stéréotypée de silhouettes colorées qui vont s'amenuisant de gauche à droite. La grand-mère éclaire un peu le défilé des personnages opaques que clôt le grand-père à droite (un exemple de la présence des grands parents dans la famille en difficulté).

La mère (maman qui est malade) est épuisée par le souci que lui cause le frère aîné de M., cardiopathe (au centre). Une détente familiale se fera quand la maman consentira à le faire entrer en externat dans une maison adaptée à son handicap, lui permettant une scolarité normale.

J.D. (Planche XVIII, fig. 6) représente, à la partie inférieure de la feuille, le père et la mère encadrant les deux enfants, eux-mêmes encadrés par la maison et l'arbre, en un très joli dessin miniaturisé, tracé et colorié avec le plus grand souci de perfection.

C'est, en maternelle, un enfant calme, soigneux et intéressé. Dès les années suivantes, il est obnubilé par la réussite scolaire, devient hypersensible aux évènements malheureux et nouvelles alarmantes, voit tout en noir, tient des discours de mort et d'autodestruction. Les parents sont très attentifs. Il sera pris en traitement psychiatrique.

La mort

Cette tragédie marque l'atmosphère familiale : la mort d'un parent, d'un membre de la fratrie. En raison de la diminution des risques de l'accouchement pour la mère, la mort du père est le drame le plus fréquemment rencontré et peut être observé dans le dessin de la famille de l'enfant. Le plus souvent, d'ailleurs, le père disparu est présent parmi les personnages mais l'impact de l'événement s'atténue avec le temps.

La représentation peut être tragique si la disparition est récente, si les circonstances sont particulièrement dramatiques : ainsi, dans le dessin très noir de G. (Planche XIX, fig. 1) dont le père, meurtrier, vient de se suicider, où une seule petite touche de jaune

Planche XIX
La famille blessée : la mort

1

4

2

5

3

6

est apportée au pull-over du frère et aux cheveux de la mère. La fillette elle-même est particulièrement sombre, funèbre même, auréolée de son abondante chevelure noire.

De même, la famille de la petite D. (Planche XIX, fig. 2) est sous le choc : le père vient de mourir d'un accident du travail. Le dessin représente, à la partie inférieure de la feuille, les personnages écrasés, colorés mais tout juste esquissés parmi lesquels figure le père bleu sombre quelque peu fantomatique par son regard.

Le dessin de S. (Planche XIX, fig. 3) a été réalisé trois mois après l'accident de la route dont le père a été victime. Une chute de flocons sombres le couvre tout entier et l'obscurcit. On y voit, au centre, la maison, à gauche, l'enfant aux côtés de son père, à droite, sa mère avec son frère et sa sœur. On comparera utilement ce dessin dans sa tristesse à celui du petit M. (Planche XXIII) dont le père a quitté le foyer quelques semaines auparavant, événement semble-t-il encore pire que la mort aux yeux de l'enfant.

Plus à distance du décès du père, le choc s'atténue, le «travail de deuil» s'accomplit.

Ainsi, la petite sœur de S., un an plus tard, figure son père dans une famille où les personnages sont quelque peu réduits de taille, mais assez vivement colorés, le père lui-même étant figuré en jaune.

De même, F. situe le père qu'elle a perdu deux ans auparavant, un peu réduit de taille, mais très présent dans une famille colorée, agréable à regarder, avec la mention «papa qui est au ciel». Sa petite sœur, trois ans plus tard, ne le représente plus, elle n'en garde pas le souvenir (Planche XIX, fig. 4 et 5).

Le cas est différent pour V. (Planche XIX, fig. 6), enfant unique, dont le père est mort voici quatre ans d'une maladie maligne. L'absence du père a été pour V. un gros problème, dit l'enseignante de maternelle. V. trace, quatre ans après cette disparition, un dessin très mûr et remarquable de sa famille réduite désormais à sa mère et elle-même. Sa mère, en robe jaune à pois rouges, est littéralement doublée de volume. V. est tournée vers elle, la main sur son bras.

Là aussi, la comparaison avec des dessins réalisés après le divorce des parents et le départ du père plusieurs années auparavant permettra de mesurer et de comparer souffrance et déstabilisation de l'enfant dans les deux situations, celle d'enfant orphelin de parent vivant paraissant particulièrement mal supportée.

La guerre, l'exil

Des foyers de discorde, de guerre jaillissent sans cesse autour de nous et les retombées familiales en sont tragiques : atteintes physiques des individus, et aussi répercussions de l'angoisse et de la terreur des moments passés. Souvent aussi surviennent la destruction ou l'abandon du foyer, le déchirement de l'exil.

Le petit Sa. (Planche XX, fig. 1) est arrivé du Cambodge voici un an avec ses parents et ses quatre frères et sœurs. Le père a trouvé du travail.

Sa., âgé de 5 ans, est scolarisé en maternelle. L'institutrice constate que l'enfant ne peut pas dessiner, puis il commence. Et voici le dessin de sa famille réalisé à 6 ans, soit

Planche XX
La famille blessée : la guerre, l'exil

1

3

2

4

près d'un an après son arrivée. C'est la guerre : sous un ciel rouge, deux soleils noirs explosifs..., les corps s'affaissent, le seul personnage encore debout a le visage barbouillé de noir, face à une masse rougeâtre redoutable. Rouge et noir, sang et deuil, sont les couleurs presque exclusives. La schématisation des personnages ne fait qu'accentuer l'impression de violence qui se dégage de l'ensemble, violence symbolisée par celle du trait.

Peu à peu, ses dessins approcheront la norme d'expression des enfants de son âge. Il s'adaptera et progressera de façon remarquable.

Certes, le calme revient alors que s'éloignent dans le temps les évènements tragiques qui ont arraché les familles à leur terre d'origine. Mais épreuve et deuils ne s'effacent pas facilement et l'attachement au pays demeure.

Si. (Planche XX, fig. 2) lui aussi a été chassé par la guerre de son Cambodge natal et a rejoint la France voici quatre ans. Sa mère, sa sœur et lui-même ont été accueillis par l'oncle de Si. et vivent à son foyer. Car le père de Si. a été tué au Cambodge. Voici le dessin de sa famille tracé quatre ans après son arrivée : un personnage central démesurément important au visage serein, énigmatique, le père, disparu, est au centre de la présentation des membres de la famille, l'enfant et sa mère d'un côté, la grande sœur de l'autre. Une certaine mélancolie plane en raison des teintes sombres utilisées. La maîtrise du trait et les détails de la figuration des personnages montrent la maturité de l'enfant. Une nuance asiatique semble apportée par le dessin des yeux.

L'état physique de Si. est bon, sa scolarité sera très bonne.

V. (Planche XX, fig. 3) lui, est laotien. En France depuis deux ans, il a fait de gros efforts pour parler français. Son état général est assez satisfaisant, ses possibilités sont bonnes, mais il manque de confiance en lui-même et les encouragements lui sont bénéfiques. Le dessin de sa famille frappe par la réduction de la taille des personnages très joliment dessinés à la partie inférieure de la feuille, et par une certaine fatigabilité au cours du tracé de ces personnages de gauche à droite, mais, semble-t-il, l'enfant recouvre toute son énergie pour dessiner et colorier avec soin, tout au bout de la rangée, «l'arbre qui se trouve dans ma maison, tout loin...».

C. (Planche XX, fig. 4) est le fils d'un réfugié politique chilien depuis un an en France. Il a quatre frères plus âgés que lui, son père a retrouvé du travail, sa mère est au foyer. Le petit s'est bien adapté en maternelle et a bien progressé. C'est un bel enfant qui doit être encouragé pour faire son test de maturation et le résultat est fort bon. Ce qui est en discordance avec le dessin de la famille peuplé de trois figures (les parents et lui-même), régressives, dysmorphiques, quasi animales, dont une, très noire.

Au cours des années suivantes de sa scolarité élémentaire, il parle peu, manque de motivation au travail. Sollicité pour un exemple de phrase, il a stupéfié l'enseignante en proposant : «Je souffre sous la torture». Ses progrès sont insuffisants alors que son QI est de 99/107 et il sera pris en charge par un bénévole de l'association de soutien scolaire du quartier avec d'heureux résultats.

L'exil

Même sans le drame de la guerre ou des persécutions au départ, la nostalgie de nos petits immigrés, petits exilés, peut se retrouver dans leur dessin. Car nos familles dites immigrées ou étrangères sont aussi des familles déracinées et ce départ, cette transplantation, ne se font pas toujours sans déchirement. Nous avons vu le dessin de F. représentant sa grand-mère demeurée au Maroc (Planche VII, fig. 7).

LA FAMILLE ET L'UNIVERS DES CULTURES

Le dessin de sa famille par l'enfant de 6 ans n'est pas particulièrement ni systématiquement révélateur des cultures. Il consiste, en effet, essentiellement en une figuration à plusieurs exemplaires de la personne humaine, dont l'évolution est commune à tous les enfants du monde. Son but est de présenter une situation de relation entre ces personnages.

De plus, l'enfant de 6 ans n'est pas intéressé par la vision réaliste du modèle, ce réalisme visuel qui culminera au cours des années suivantes : il trace les visages en rouge, bleu, vert, noir, jaune ou violet; il utilise la couleur qui lui convient; la couleur réelle de la peau n'est pas sa préoc-

Planche XXI
La famille et l'univers des cultures

cupation. Dans un seul des dessins de la famille observés au cours de ces quinze années d'exercice, la couleur du visage indiquait l'origine des parents : il s'agissait d'un couple mixte, le père africain, la mère française.

Pourtant, la note culturelle peut apparaître, allant du clin d'œil du détail dans un dessin au caractère de la présentation ou à une forme de message.

> Ainsi, J., à côté de sa mère en robe fleurie, représente son père dans une tenue significative de sa fonction de gendarme français : pantalon bleu à liséré rouge, pull-over bleu sombre.
>
> M.O. entend sans cesse ses parents espagnols parler de la maison qu'ils rêvent d'acheter au pays, pour laquelle ils se donnent beaucoup de mal. Elle fait figurer dans son dessin une maison, certes, mais typiquement espagnole, et donne à ses parents, à sa mère en particulier, des vêtements également typés.
>
> Le dessin de M. (Planche XXI, fig. 1), iranienne, de O., turque, sont chatoyants de couleurs qui rappellent les si beaux tapis de leur pays.
>
> S., enfant calme et appliquée aux côtés de sa mère fort gracieuse, a pris la peine de se représenter, elle, au milieu de ses frères et sœurs, dans un très beau costume de son pays natal, l'Italie du sud.

Le caractère de la présentation de la famille constitue parfois une documentation. Il en est ainsi de la dimension de la fratrie qui, lorsqu'elle est très importante, indique le plus souvent une origine extérieure.

> R. (Planche XXI, fig. 2), petit indien venu de Pondichéry avec son père fonctionnaire des PTT, aligne les personnages de sa famille (sur la feuille prise dans le sens vertical) en frise égyptienne — ce qui est classique chez l'enfant — sur trois rangées superposées (fait exceptionnel que nous avons déjà relevé Planche II et V). Le personnage dessiné dans l'angle supérieur gauche est le père, dans l'angle inférieur gauche est la mère longiligne, qui porte toujours le sari, tous deux de taille légèrement supérieure à celle des sept frères. « Il y en a encore un (mort), disait l'enfant, mais je n'ai plus de place. »
>
> La petite S. (Planche XXI, fig. 3), elle, marocaine, dispose la fratrie de sept (6 filles, 1 fils) en couronne au-dessous du couple des parents sur la feuille prise également dans le sens vertical. Le dessin est d'ailleurs frappant par sa maturité et la richesse de ses couleurs.
>
> Une famille nombreuse asiatique est présentée différemment par So., cambodgienne, la sœur de Sa. quelques années plus tard, et d'une façon remarquablement élaborée : équilibrée et maîtrisée à la fois dans la disposition des personnages, leur forme, leur couleur. On trouve disposés dans le sens horizontal de la feuille, de gauche à droite, le groupe des trois sœurs, le groupe des trois frères, et le couple parental.

Ceci amène à apprécier, dans les dessins d'enfants asiatiques, la maturité et la maîtrise de la technique : ainsi, dans la frise de vrais profils de

L., la beauté de la représentation des personnages, du trait, de la couleur (Planche XXI, fig. 4).

Enfin, il arrive que le message lui-même — l'histoire racontée — soit révélateur d'une culture.

Ainsi, dans les dessins de leur famille recueillis à Shanghaï dans une classe correspondant exactement à celle de nos enfants dans leur 6e année, terrain de cette étude, les élèves ont demandé à partager leur feuille en deux. Ils y ont alors dessiné, avec une maîtrise remarquable, dans les pièces de leur appartement standard, les trois membres de la famille à leurs occupations, le père, la mère, l'enfant, puisque tous les enfants étaient enfants uniques (Planche XXI, fig.5 et 6).

Il arrive aussi, dans quelques dessins recueillis dans nos murs, que les filles hypervalorisent la partie féminine de la famille, réduisant la partie masculine à sa plus simple expression (reléguée derrière la feuille, ramenée à un individu symbolique). Cette représentation signe généralement la culture traditionnelle musulmane.

Un exemple presque caricatural est donné par le dessin de R. (Planche XXI, fig. 7) : le père étant souvent absent (figuré en position horizontale à la partie supérieure de la feuille), le fils aîné en rouge (lui-même à gauche), l'œil démesurément valorisé est chargé de surveiller la mère, qui s'en plaint. C'est une femme très belle mais fatiguée, au centre, le reste de la fratrie étant figuré à droite.

On peut d'ailleurs, à l'opposé, apprécier l'adaptation réalisée, par exemple, dans le dessin d'une fillette d'origine turque (Planche XXI, fig. 8).

Le message (la naissance du bébé) est marqué par la coutume locale, celle de l'Alsace : la cigogne filant à tire d'aile sur le dessin vient de lâcher l'enfant dans les bras de la mère et survole le reste de la fratrie. Ajoutons que la mère, gaie, ouverte, parle couramment le français avec un fort accent alsacien.

L'auteur de la présentation de la famille : l'enfant de 6 ans

Nous avons appris à connaître cet enfant de 6 ans tout au long des tableaux qu'il présente de sa vie familiale.

SES CAPACITÉS MENTALES

Dans ce qui vient d'être développé, nous avons pu apprécier ses capacités mentales : son intelligence intuitive est servie par une «acuité d'observation», comme dit G.H. Luquet (1977 : 176), qui lui permet une analyse pertinente de son milieu familial. Il voit et observe, il entend et écoute, il sait et devine.

A partir de ces éléments, il réalise dans son dessin une synthèse solide qui nous impressionne, nous stupéfie même. «Le dessin avait raison», nous est-il arrivé de dire plus d'une fois. Les caractéristiques des personnages sont sélectionnées avec une lucidité qui nous frappe : l'atmosphère familiale est recréée sous nos yeux.

Que dit-on bien souvent de cet enfant de 6 ans dont le regard posé sur autrui amène une telle évaluation? «Il ne se rend pas compte...». Certes, l'enfance est un apprentissage et sa longueur est la rançon de la civilisation humaine. Mais les possibilités qui permettent cet apprentissage sont déjà présentes et actives chez l'enfant : intuition aiguë, analyse lucide, synthèse solide, ce sont bien là des signes de cette activité. L'enfant de 6 ans est une personne sociale, pas seulement une plante, même une sensitive, qu'il faut seulement penser à arroser et ensoleiller.

Le Juge Ph. Chaillou (1992), amené aux mêmes constatations, en donne deux exemples. Une assistante sociale rapporte les paroles d'un enfant de trois ans à sa mère lors de sa première visite à son père supposé être à l'hôpital. Car, dans le cas des pères incarcérés, la prison est appelée «hôpital» et les surveillants «infirmiers». Cet enfant n'a pas demandé : «Qu'est-ce qu'il a papa?», mais : «Qu'est-ce qu'il a fait papa?», montrant ainsi qu'il n'était pas dupe. Il cite également le cas d'un enfant dont la mère était sous la coupe d'un proxénète et n'était pas opposée au placement du petit en raison du danger qu'il courait comme moyen de pression. La mère vient avec l'enfant dans les bras, accompagnée par la puéricultrice du Foyer de l'Enfance. L'enfant assiste à l'entretien où le juge indique à la mère que son enfant va être confié à l'Aide Sociale à l'Enfance. Puis, le juge fait entrer la puéricultrice et avant qu'il ait le temps de prononcer un mot, l'enfant embrasse la mère, lui dit au revoir et va se réfugier dans les bras de la puéricultrice. Il avait déjà tout compris, cela lui convenait. Il avait quatre ans et demi.

SA PERSONNALITÉ

Nous avons commencé à découvrir sa vulnérabilité dans les dessins présentés ; elle fait partie de sa personnalité, cette personnalité qui teinte le message du dessin : le tableau familial en l'occurrence. On peut en donner quelques exemples sans s'attarder sur leur infinie variété. Elle surgit du dessin (Planche XXII).

> Ainsi, le dessin expansif de G. (auquel il a fallu deux feuilles pour dessiner sa famille au grand complet) illumine de couleurs chaudes ses personnages généreusement tracés, saisis sur le vif, pourrait-on dire, un exemple : le personnage central à lunettes aux dents proéminentes est le portrait fidèle de l'enfant en garde dans la famille (fig. 1).
>
> Par contre, E. place à la partie inférieure de sa feuille les membres de sa famille réduits de taille, et la maison. Le trait est effleuré, les couleurs sont pâles. Enfant écrasée de timidité, elle magnifie relativement sa grande sœur et se place entre ses parents, sans oser se nommer (fig. 2).
>
> Dans ce dessin de type sensoriel, nous découvrons F., spécialiste des beaux paysages. L'environnement soigneusement tracé plein de couleurs chatoyantes, lumineuses (fleurs, maison, soleil) a passé dans le souci de l'enfant bien avant la figuration des personnages dont il s'est manifestement débarrassé très vite (fig. 3).
>
> A l'opposé, dans ce dessin de type rationnel, précis, géométrique, chacun des nombreux personnages de la famille de L. voit son identification assurée. Le trait est net et les couleurs variées sont réparties entre les différents membres de façon égale, logique, mathématique (fig. 4).
>
> La comparaison du dessin de la famille de deux jumelles est pleine d'imprévu.
>
> L'une, L., a rapidement tracé un tableau réduit en nombre mais incisif dans son raccourci de sa famille. Le trait est presque impérieux, les couleurs sont agressives (rouge, vert). Effectivement, c'est la meneuse, l'expéditive (fig. 5).
>
> L'autre, A., la tendre, la méticuleuse a ensoleillé la famille de jaune. Au centre, importante, la mère décorée avec amour, à droite le père, les deux frères dont les pull-overs pourraient servir de modèle de tricot et, à gauche, les deux jumelles comparables et dissemblables... (fig. 6).

Planche XXII
La personnalité de l'enfant dans son dessin

SA VULNÉRABILITÉ

La personnalité de l'enfant se révèle dans son comportement et apparaît aux yeux de l'entourage. Par contre, la vulnérabilité qui lui est propre reste souvent insoupçonnée, contestée même. «Cela ne le touche pas!» C'est bien mal connaître la capacité de souffrance, de douleur, d'angoisse de l'enfant qui ne s'expriment pas en mots, en abstractions verbales qu'il n'utilise pas. Sa souffrance est et reste secrète, intense et solitaire, à la mesure de sa vulnérabilité.

Un exemple : As-tu pu t'endormir facilement ? Sinon pourquoi ? Telle était la question posée dans une enquête sur le sommeil chez des écoliers de 6 à 11 ans portant sur 10 jours (J. Mantz, 1999). Les réponses ont été révélatrices du tourment de l'enfant, en particulier dans le cas de divorce des parents. Car, dans la séparation, écrit-on à propos des nouvelles familles (*L'état de l'enfance en France*, 1998 : 37), « la douleur du côté des pères est toujours identique à quelques variantes près : c'est la perte, l'absence. Du côté des enfants, l'absence du père n'apparaît pas toujours comme un malaise visible mais ceux ci sont au centre d'histoires complexes qui les déstabilisent... ».

On aimerait qu'il s'agisse d'une simple déstabilisation. Quelques dessins ont pu nous donner une idée de la douleur qui frappe l'enfant jusqu'à l'anéantir sous le choc, l'amener au bord de la psychose. D'autres circonstances sont analogues dans leurs conséquences (alcoolisme parental, tyrannie parentale, maladie d'un parent...).

Nous avons pu objectiver les capacités mentales de l'enfant par l'étude de la présentation de sa famille. Il nous reste à éclairer sa vulnérabilité, à essayer d'en apporter la mesure : les couleurs utilisées, la figuration des personnages souvent dysmorphiques, monstrueux, l'étude du tracé même du dessin, ont pu nous parler. Nous nous appuierons encore sur trois éléments :

– la stéréotypie réactionnelle au message affectif du thème « Dessine ta famille »,

– le dessin hypermature,

– l'enfant obèse et son dessin.

La stéréotypie par blocage affectif

Tout d'abord, qu'est ce que la stéréotypie ?

C'est la répétition à l'identique des mêmes mots, mouvements ou gestes.

Il est certain que le thème de la famille est particulièrement propice à la révélation d'une stéréotypie puisqu'il s'agit de la répétition du dessin du bonhomme. Or, il arrive que, dans certains cas, l'écolier de 6 ans dessinant sa famille semble incapable de figurer autre chose qu'un défilé de personnages, le plus souvent schématisés, de simples formes parfois, pratiquement identiques.

Notons qu'il existe chez le jeune enfant une *stéréotypie* dans la figuration qu'on peut qualifier de *physiologique* car elle n'a rien d'anormal, nous allons le voir.

On peut aussi rencontrer une *stéréotypie de pauvreté* que nous présenterons rapidement. Enfin, on signale une *stéréotypie pathologique* qui peut être signe de débilité mentale, ou bien de troubles de la personnalité, du comportement, ou encore de psychose.

La stéréotypie physiologique du jeune enfant est définie par G.H. Luquet (1977) comme un automatisme graphique immédiat ou continu à un ou plusieurs jours d'intervalle : après avoir dessiné une fois un personnage ou un objet, le jeune enfant peut se complaire à figurer le même motif et à le disposer en nombre. G.H. Luquet en cite plusieurs exemples : 100 bonshommes en une demi-heure, 31 maisons en 18 jours chez des enfants de 3 à 5 ans.

Chacun, en effet, adulte ou enfant, a une façon personnelle de représenter la maison, le bonhomme, les arbres. L'enfant perfectionne ces figurations dans le style qui lui est propre. Il les utilise selon les objets qu'il veut représenter et prend plaisir à les répéter. On en trouve quelques exemples dans les dessins de nos enfants de 6 ans : le dessin est plaisant à regarder, le message rassurant.

Ainsi, K. (Planche XXIII, fig. 1), enfant unique épanouie et intelligente, se plaît à figurer quatre nuages, quatre arbres, quatre soleils soigneusement colorés avant de disposer dans l'espace qui lui reste les trois personnages différenciés de sa famille.

Ce goût de la répétition se retrouve chez A. dans une rangée d'arbres sus-jacents et une série de traits verticaux sous-jacents aux sept personnages variés de sa famille. Elle y a ajouté une série de petites taches diversement colorées du côté droit, emportée, semble-t-il, par le plaisir de la répétition du thème joint à celui de la magie de la couleur.

La stéréotypie de pauvreté apporte une certaine nuance.

Le bonhomme est assez fruste dans sa simplicité extrême et se trouve reproduit de façon répétitive au nombre d'exemplaires nécessaires et suffisant pour figurer avec exactitude la famille de l'enfant.

Pourquoi qualifier ainsi cette forme de stéréotypie? Parce qu'elle correspond au caractère du dessin, parce qu'on la trouve dans des familles où existe une pauvreté d'apport culturel, le rôle parental pouvant être bien assuré ou non par ailleurs. «Le dessin se situe globalement à un niveau très inférieur à celui qu'autorisait le niveau intellectuel de l'enfant» (M. Borelli-Vincent, 1965 : 60). Ces enfants ne manquent pas de ressources intellectuelles et assimilent d'ailleurs parfaitement l'enseignement reçu au cours de leur scolarité.

Ainsi, chez M., comme chez sa sœur, enfants intelligents venus du Maroc qui suivent leurs classes sans problème, on observe cette stéréotypie des personnages quelque peu immatures, relativement hérissés chez le garçon, assez bagarreur, et vivement colorés.

Les quatre personnages de la famille de P. (Planche XXIII, fig. 2) (le père, la mère encadrant les deux enfants) sont identiques, pauvrement figurés. Seules les couleurs, vives, presque brutales, les différencient.

P. est un enfant remuant, fils de mère agitée. Les parents ne sont pas concernés par sa vie scolaire. P. est dialectophone. Peu motivé, il redoublera son CE_1 puis suivra une scolarité normale.

Nous en arrivons à **la stéréotypie pathologique**.

Chez l'enfant retardé ou débile, automatisme et stéréotypie sont fréquemment observés et subsistent, parvenant parfois par la suite à un certain degré de perfection.

Le petit M. (Planche XXIII, fig.3), quelque peu immature, dessine une joyeuse guirlande double, de jolis bonshommes jaunes identiques parmi lesquels il en identifie quelques-uns, un peu au hasard semble-t-il.

Chez les enfants présentant des troubles de la personnalité ou du comportement, des exemples de stéréotypie sont souvent rencontrés, ainsi chez l'instable impulsif (M.C. Debienne, 1968 : 38), dans les cas de névrose obsessionnelle, ou de psychose. Dans ces derniers cas, la stéréotypie va jusqu'au «bourrage» (Ph. Wallon, 1990 : 177) et prend un caractère «discordant, bizarre». (D. Widlöcher, 1981 : 221).

Venons en à **la stéréotypie d'inhibition par blocage affectif**.

Cette stéréotypie est bien différente de la répétition physiologique du jeune enfant, de la stéréotypie de pauvreté ou de débilité. L'enfant, de bon niveau intellectuel, semble ne pas pouvoir tracer le tableau familial dans sa réalité. Il y substitue la répétition de personnages uniformes plus ou moins régressifs, altérés dans leur structure, souvent colorés uniformément de façon significative. Comme le dit M. Borelli-Vicent (1965 : 60) : «Le personnage de la famille paraît plus fragile que le personnage dessiné isolément... La charge affective du thème et ses effets sur le niveau et le style de la représentation sont beaucoup plus importants lorsqu'il s'agit de dessiner les personnages familiaux, porteurs de significations conflictuelles, que lorsqu'il s'agit de représenter un bonhomme anonyme».

F. (Planche XXIII, fig. 4) présente une famille parfaitement stéréotypée de personnages complets dans leur structure quelque peu schématique. Les teintes sont assez sombres, quoique le jaune et l'orange éclairent la scène. La mère, malade, sous médicaments, est absente du dessin où figurent le père et les quatre enfants). F., le dernier né, est un enfant nerveux, souffrant d'énurésie nocturne. Il a beaucoup progressé en maternelle, s'intéresse et participe à la vie de la classe qui le libère de son souci familial.

Planche XXIII
La stéréotypie

1

5

2

6

3

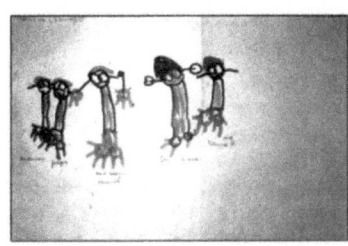

7

4

8

- C'est une série de personnages noirs dans un semis de taches sombres que l'on trouve chez B. : la structure est à peu près conservée, quoique la fatigabilité de l'enfant amène en fin de figuration (sept enfants) une régression certaine. Pauvreté d'expression, tristesse sombre de l'ambiance familiale. La mère assure les soins matériels de son mieux. Le père, fruste et brusque, n'assume pas son rôle familial. B., docile, peu motivée, peine en classe (QI 83/100). Une dyslexie est décelée et rééduquée à l'école. La fillette prend du poids et deviendra obèse.

- M. (Planche XXIII, fig. 5) a utilisé le vert dans son alignement monomorphe de personnages évoqués par les contours et les yeux. « Mon père qui est parti », ainsi a-t-il désigné la figure un peu réduite de taille dont la tête inclinée accentue la mélancolie. La séparation a eu lieu trois mois auparavant et M. est sous le choc : d'agréable, intéressé, cet enfant intelligent est devenu agressif, indifférent aux activités. Au cours des années suivantes, il grossit jusqu'à l'obésité et le soutien permanent de l'enseignant lui est indispensable pour progresser doucement...

La structure peut s'altérer et amener une figuration des personnages tout à fait régressive.

- Ainsi, chez V., nous voyons apparaître une stéréotypie de têtards colorés : les traits du visage, les mains sont très précisément dessinés et contrastés dans leurs couleurs, au moins pour trois d'entre eux. Le dernier, figurant V., semble détourner les yeux, les mains sont pâles, en particulier l'une d'elles (la droite, selon l'image classique en miroir). La fillette présente une malformation des trois derniers doigts de la main gauche. C'est une enfant intelligente et coopérante, quand elle est hors de portée de la mère qui ne la supporte pas et la maltraite physiquement (signalement en cours appuyé par constat médical).

- Stéréotypie sombre, régression, bourrage chez M. qui a figuré la famille sans identifier les personnages sous la forme d'un défilé noir de têtes sur pattes, le tronc parfois ébauché. Il a comblé le vide du dessin par des motifs circulaires au-dessus des personnages, le nuage sombre à la partie supérieure de la feuille et un semis de taches noires sous jacent. Les parents sont séparés. La vie reste tumultueuse pour un enfant que le père voit régulièrement, enquêtant sur le compagnon actuel et gardant un fusil en permanence dans sa voiture.

La régression de la figuration des personnages stéréotypés, son caractère alarmant se diversifient selon la vulnérabilité de l'enfant et peuvent aussi s'accentuer alors que les conditions familiales se détériorent.

Ainsi, dans la famille d'A., où le père est alcoolique, la mère épuisée et amaigrie, A. nous présente à 6 ans une série de personnages stéréotypés, pâles, fantomatiques, aux gros yeux vides où il s'est perdu et identifié trois fois. C'est un enfant hypotrophique, fatigué, intelligent, de caractère parfois difficile qu'il faut sans cesse encourager.

- Son frère de quatre ans plus jeune (Planche XXIII, fig. 6) trace à 6 ans une suite noire, hérissée, de têtards aux gros yeux vides, obscurs pour l'un d'entre eux. Ce dessin si régressif contraste, selon l'enseignante, par son niveau, avec celui de ses œuvres sur d'autres thèmes, tout à fait en accord avec ses 6 ans.

Cette stéréotypie peut devenir monstrueuse par les dysmorphies que présentent parfois les personnages.

– Ainsi, chez P. (Planche XXIII, fig. 7), le couple parental latéralisé et les trois enfants sont figurés sous la forme d'êtres aux gros yeux, aux couleurs rouge et verte d'une violence significative, aux pattes quelque peu animales, êtres plus proches des douves que de l'espèce humaine. C'est une enfant pâle et fatiguée dont la vie familiale est assombrie par la tyrannie du père. La scolarité de ses deux aînés, l'une écrasée de timidité, l'autre nerveux et instable, se déroule péniblement.

Il serait possible de fournir encore nombre d'exemples de stéréotypie sous diverses formes.

Un dernier exemple illustre un autre type (Planche XXIII, fig. 8).

– Chez N., la famille est une série de personnages schématiques, réduits à une silhouette rudimentaire mais frappants par l'agressivité du trait qui les surcharge de couleur vert sombre. L'enfant a désigné, un peu au hasard semble-t-il, frère, mère, sœur, tatie et ses amis. Par contre, un personnage est figuré de façon particulière en tête du défilé uniforme : un têtard vert clair désigné comme le père, alcoolique, qui bénéficie d'une image et d'une couleur spéciales vis-à-vis de la famille en son pouvoir. Cet enfant connaîtra de grosses difficultés scolaires malgré un QI de 101. Son poids — et son obésité même — ne cesseront de croître (à 11 ans, au CM1, il pèse 54 kg pour 145 cm). Les parents se sépareront au cours de la scolarité primaire.

En conclusion

Est-il utile d'épiloguer sur la souffrance de l'enfant que traduisent de telles images ?

On mesure les conséquences de cette vulnérabilité, de cette souffrance de l'enfant devant les troubles du comportement signalés, variables selon la personnalité. Ces troubles peuvent aller jusqu'au dérapage psychique : nous avons retrouvé, dans les quelques exemples donnés, la névrose obsessionnelle, l'instabilité impulsive, ce dérapage pouvant aller jusqu'à la psychose caractérisée qu'il nous est arrivé de voir diagnostiquée.

D'autre part, il est courant que, dans ces conditions familiales diverses de tristesse et de souci, de stress et d'épuisement, l'enfant n'ait pas l'ouverture à l'apprentissage scolaire, « l'appétence », écrit-on, que l'on trouve à cet âge. Les difficultés scolaires, l'échec sont également chose courante. Faut-il s'en étonner ?

Enfin, la violence réactionnelle de l'adolescent est à craindre, la délinquance aussi, après toutes ces années de sujétion et de tourment.

Le dessin hypermature

Cet aspect du dessin doit être évoqué malgré sa rareté : c'est la visualisation de la vulnérabilité de l'enfant, c'est la façon dont il assume des situations de souffrance extrême.

Quand peut-on parler d'hypermaturité du dessin? Le tracé du bonhomme révèle, nous l'avons vu lors de l'étude des bases de départ de ce travail, le niveau de maturation mentale de l'enfant. Le dessin de la famille nous apporte cet élément compte tenu de deux facteurs, le premier étant la fatigabilité de l'enfant au cours de l'œuvre (il convient d'observer le plus accompli dans la succession des personnages), le deuxième étant l'impact affectif du thème souvent perturbateur du milieu familial.

Dans toutes ces représentations de leur famille par les enfants de 6 ans, nous découvrons donc des dessins immatures, des dessins d'une maturité correspondant à l'âge, d'autres dessins d'une bonne et aussi d'une excellente maturité, supérieure à l'âge réel de l'enfant.

Il nous arrive parfois, rarement il faut le dire, de nous trouver en présence de dessins dits hypermatures, classés hors norme en raison de leur niveau et du contexte particulier de la vie de l'enfant dans ces cas : un vécu marqué par le poids d'un lourd souci, de l'insécurité, d'une souffrance morale profonde, semble amener cette hypermaturation et aboutir à cette maturité exceptionnelle. Cette hypermaturation est parfois observée après un divorce (J. de Ajuriaguerra & D. Marcelli, 1982). Elle a été signalée en cas de maltraitance, également chez des enfants de parents psychotiques (P. Bourdier, 1972) : ces enfants sont capables de percevoir, d'évaluer la maladie parentale, de comprendre le diagnostic et de parvenir à un contrôle hypermature d'une situation insupportable. On trouve aussi cette hypermaturité chez les enfants atteints de maladie maligne, confrontés à l'exclusion de la vie normale de leur âge, à l'épuisement, à la solitude alors qu'ils luttent dans l'insécurité et «l'ombre de la mort» (W.H.G. Wolters, 1974 ; J. Mantz & A. Boilletot, 1987).

Nous avons pu observer ce type de dessins hypermatures chez trois enfants. C., marquée par la maladie maligne du père, M., frappé par l'alcoolisme paternel, et E. par l'éclatement familial.

Le dessin de C. (Planche XXIV, fig. 1) frappe par la vivacité des couleurs, par la beauté de la représentation de la mère, véritable pôle lumineux en tête de la famille, vrai profil au tracé parfaitement maîtrisé. Les personnages représentant les enfants sont divers et également maîtrisés dans leurs attitudes. La figuration du père, rouge et amenuisé, inséré dans l'étroit espace séparant la mère de la grande sœur, frappe : il a été trachéotomisé pour un cancer du larynx.

Les enfants ne supportaient pas cet état de fait. C., signale l'enseignante, en a beaucoup souffert. On comprend l'importance de cette si belle représentation maternelle, de cette présence dans son dessin.

Un an après, au Cours Préparatoire, le dessin de C., dans son évolution, demeure hypermature : elle figure sa famille sous la forme d'une bande dessinée, type de repré-

Planche XXIV
L'hypermaturité

1

3

2

4

sentation rencontré couramment au Cours Moyen. Le père a retrouvé un espace suffisant et sa place classique : au Cours Moyen, le dessin ne raconte plus ! (Planche XXIV, fig. 2).

Le dessin de sa famille par M. à 6 ans (Planche XXIV, fig. 3) nous met en présence des silhouettes des personnages noyées dans une maison d'un violet sombre. On y distingue la figure du père, grand alcoolique, figure fort peu agréable à contempler.

L'enseignante est stupéfaite : « Il fait toujours de si beaux dessins ! ». C'est encore un exemple de l'impact affectif du thème «Dessine ta famille». C'est aussi le message de la crainte et de l'insécurité de l'enfant.

L'année suivante, au Cours Préparatoire, dans un but de suivi de l'enfant, j'ai recueilli le dessin de leur famille réalisé par tous les élèves de la classe. Dessin évolué et rassurant, ai-je pensé tout d'abord en voyant celui de M. (Planche XXIV, fig. 4), pour réaliser peu après que ce dessin était hypermature : il représentait la famille classiquement alignée, élaborée dans ses détails, digne du Cours Moyen 2 où le dessin n'est plus langage et ne raconte plus. Le dessin était remarquable, or, l'enfant, incapable de toute acquisition, se trouvait en échec scolaire complet. La mère, préoccupée, a immédiatement accepté la proposition d'un externat à l'école de plein air, ce qui le soustrayait à l'atmosphère familiale dans la journée au moins. Ce cas relève par définition de la maltraitance psychologique.

Le dessin d'E. (Planche IX, fig. 8) nous a donné un autre exemple d'hypermaturité dans une situation de séparation et de recomposition familiale.

On peut le constater, le dessin dans ces circonstances encore constitue un élément de connaissance profonde de l'enfant. Il met en évidence sa vulnérabilité extrême. On ne saurait y être trop attentif.

L'enfant obèse et son dessin

M'étant trouvée confrontée un jour à plusieurs cas d'obésité dans une même classe au cours de l'examen médical, je conclus qu'il fallait agir. Je sortis tous mes dossiers d'enfants obèses dans les écoles dont je m'occupais, et je réalisai que je connaissais la plupart de ces enfants très bien en raison de leurs problèmes familiaux et de l'attention particulière qu'ils nécessitaient.

Cette révélation m'amena à réfléchir à la relation possible entre le souci, la souffrance affective de l'enfant, l'insécurité, le stress et cette boulimie menant à l'obésité, fait connu chez l'adulte. N'oublions pas les commentaires fréquents des parents parlant devant l'enfant d'un problème familial : « Il ne se rend pas compte ».

Cette révélation m'amena également à tenter une certaine prise en charge des petits obèses : quelques conseils, une invitation à venir se peser chaque semaine. Les effets furent positifs.

Et je fus aussi amenée à étudier ces enfants en fonction de plusieurs critères qui seront précisés, dont le dessin de la famille à 6 ans. Les problèmes de l'enfant obèse — celui qu'on appelle « le gros » —, conséquence de son obésité même, se situant hors de notre sujet, ne seront pas envisagés.

L'obésité de l'enfant se définit par un poids supérieur de 15 % au poids correspondant à l'âge et à la taille, ou encore par un poids situé à +2 déviations-standard par rapport à la taille. Actuellement, la prévalence de l'obésité de l'enfant de 6 à 12 ans serait de 10 à 12 % (*Le Quotidien du Médecin*, 22 juin 2000 : 15; *Le Monde*, 21 juin 2000 : 10). Elle aurait doublé depuis 1980. Cet intérêt, cet état d'alerte actuel concernant l'obésité chez l'enfant sont liés au souci de la santé... de l'adulte : en effet, il existe chez l'adulte obèse des facteurs de risque, c'est-à-dire de surmortalité, liés à son obésité même (M.L. Frelut & J. Navarro, 2000).

Quelle est **l'origine de l'obésité**? Ou, plus précisément, quel en est le processus causal?

Complexe, certes, et en cours d'étude.

– Chez l'adulte, l'obésité est considérée comme une maladie multifactorielle liée à l'interaction de gènes de prédisposition avec des « facteurs environnementaux favorisant leur expression phénotypique (surconsommation de graisses, baisse d'activité physique, stress) » (Ph Froguet *et al.*, 2000 : 568).

– Chez l'enfant, « la majorité des obésités échappent pour le moment à un diagnostic étiologique précis » (M. L. Frelut & J. Navarro, 2000 : 573). Le rôle de la prédisposition n'est pas encore établi étant donné la complexité de la régulation neuro-endocrine de la prise alimentaire. Le mécanisme biologique demeure incompris malgré les recherches dans le domaine de la génétique. On se contente donc de souligner communément, avec l'insuffisance de dépense physique, le dérèglement des apports nutritionnels dans l'alimentation (excès de glucides, d'acides gras insaturés), leur mauvaise répartition dans la journée (petit déjeuner insuffisant, grignotage vespéral). Les facteurs environnementaux sont également pris en compte : « Ce sont des enfants souvent seuls, issus de familles éclatées. Ils trouvent une maison vide quand ils rentrent de l'école ». « Ils cherchent dans l'oralité la tendresse qu'ils n'ont pas » (D. Benchetrit, *Le Monde*, 21 juin 2000 : 10). De plus, l'ennui les immobilise devant le petit écran, et il est ajouté : « Les parents se sentent coupables » (*ibid.*). Mais, au moins, ce sont ces parents qui amènent l'enfant obèse en consultation en raison de l'attention qu'ils lui portent. On souhaiterait que ce soit le cas général des enfants qui vont être étudiés.

Car il existe en réalité 2 populations d'enfants obèses.

– La première est celle des enfants que leurs parents amènent en consultation médicale. Cette population est observée, chiffrée, mesurée par les spécialistes. Les facteurs environnementaux sont mentionnés : ainsi, très brièvement, « difficultés psychologiques familiales », « dépression, état prépsychotique, trouble oppositionnel » (M.L. Frelut & J. Navarro, 2000 : 576). La prise en charge ultra-spécialisée est alors recommandée.

– L'autre population est celle des enfants qui, pour la plupart, ne consulteront pas, malgré les avis donnés. L'obésité s'accentuera sans qu'aucune démarche parentale soit accomplie.

C'est cette deuxième population qui sera présentée ici.

89 cas d'obésité (50 garçons, 39 filles) ont été relevés dans la population de deux écoles élémentaires (982 élèves) dans un quartier équilibré et sans problème majeur, soit une proportion de 9,06 % de la population scolaire totale.

Planche XXV
Le dessin de l'enfant obèse

1. On ne peut regarder ce dessin vivant et coloré sans partager la belle humeur des parents, couple extraverti, sans problème, même pas celui d'une obésité vécue joyeusement.

2. C'est un dessin ferme et dynamique que celui de D. Lui-même, cependant, à l'extrémité de la fratrie, est bien sombre.
Il présente une pigmentation cutanée pathologique bien marquée et la mère, désolée, se répand en lamentations en présence du petit. D. se fera remarquer par son excellent niveau scolaire, dans ses classes élémentaires comme au collège. Enfant obèse.

3. Le geste dominateur du père résume la situation dans ce dessin mûr aux personnages aisément identifiables. Au-dessous du père et de la mère, du frère reconnaissable aux lunettes, c'est P. elle-même et, plus bas, la petite sœur, enfant peu spontanée, déjà obèse elle aussi.
Le père a révélé ses capacités de tyran domestique et d'éducateur autoritaire sur une enfant confiée en garde par l'Aide Sociale à l'Enfance puis retirée.

4. Les figures sont pâles, immatures et dysmorphiques dans ce dessin.
L'enfant est capable de réussir : il poursuivra sa scolarité après un redoublement du CP sans que les parents s'intéressent à son travail d'écolier, à son hygiène de vie, à ses caries dentaires, à son poids sans cesse croissant.

5. On ne peut qu'admirer la grande maturité du dessin de F., la maîtrise du trait très pur, la beauté des formes et des couleurs. On remarquera aussi la similitude frappante du père et du fils jusque dans l'attitude.
Mais le père est parti, F. vit seul avec sa mère. C'est un enfant « qui a souffert », solitaire, un peu lointain, remarquable par ses connaissances. Il ne parle pas mais répond volontiers aux épreuves du test de maturation. Enfant obèse.

6. Les personnages aux mains épineuses, aux jambes filiformes et démesurées sont étranges. Papa-Ch., le beau-père, quelque peu dentu, occupe le devant de la scène dans cette famille recomposée où C. se situe à l'arrière plan.
Elle ne semble pas trouver sa place et les relations mère/fille iront se détériorant. Enfant obèse.

7. Personnages ébauchés au faciès répétitif rappelant un oiseau vu de face, souvent observé dans les dessins d'enfants vivant avec des parents alcooliques.
C'est le cas des parents de B. qui peuvent être violents : un signalement a été fait quand le petit frère a été battu par la mère, puis par le père, pour avoir cassé une bouteille de vin... pleine. B. est obèse.

8. F., enfant unique, a peuplé son dessin mais les personnages qui occupent l'espace n'ont rien de réjouissant : bonshommes quelque peu sinistres, aux gros yeux vides, à l'image du père. Le tracé est fin, parfois à la limite du griffonnage, la couleur est uniforme, rouge.
Le père est sévère, violent même. Au CP, F., réveillé le matin par téléphone, se prépare son petit déjeuner solitaire. Le père viendra dire de « secouer » le petit qui se détendra au CE1 mais continuera à grossir.

L'AUTEUR DE LA PRÉSENTATION DE LA FAMILLE : L'ENFANT DE 6 ANS 113

L'étude détaillée de ces enfants obèses de 6 à 12 ans a concerné l'état physique, le cursus scolaire, le milieu socio-familial (J. Le Corroller-Mantz, 2000). Le dessin de la famille a pu apporter son message dans 70 % des cas.

L'étude des cas de chaque enfant — étude enrichie par la connaissance personnelle de la famille, par le travail avec les enseignants, le service social, et aussi par le suivi médical annuel de ces enfants tout au long de leur scolarité primaire — a amené leur classement en 3 catégories :
– dans la première se situent les enfants dont l'univers familial comporte un problème : 61 sur 89, soit 68,53 % ou les 2/3 de l'ensemble.
– dans la deuxième se situent les enfants qui doivent faire face à un problème particulier, non exclusivement familial : 17 sur 89, soit 19,01 % de l'ensemble.
– dans la troisième se situent les enfants chez lesquels les habitudes alimentaires sont manifestement en cause : 11 sur 89, soit 12,35 % de l'ensemble. Ces habitudes sont globalement familiales (5,61 %) et peuvent être favorisées par une hyperprotection parentale (6,74 %).

Dans la catégorie I (68,53 %), on relève, dans le contexte familial, un ou plusieurs éléments de trouble :
– 24 cas de discorde avec séparation des parents et les conséquences dans leur diversité,
– 15 cas de conflit familial variable allant d'une mésentente dans la fratrie (2 fois) et de l'emprise de la secte sur les parents (2 fois) au climat de tension (11 fois) qu'engendre, par exemple, la maltraitance psychologique ou la violence physique,
– 8 cas d'alcoolisme parental,
– 7 cas de carence parentale allant de la négligence à l'absence ou l'abandon des responsabilités,
– 6 cas d'anxiété de l'enfant causée par l'état de santé alarmant d'un parent.

Le dessin de la famille consulté a, dans tous les cas, traduit la préoccupation, la déstabilisation de l'enfant dont il est significatif dans son expressivité et sous des formes diverses : nostalgie, tristesse, et aussi, bien souvent, lourd souci, douleur, ou réaction agressive, mais aussi crainte et même terreur, ou encore écrasement, accablement et abandon. Ces termes ne sont pas accumulés pour des effets de brio stylistique : ils veulent seulement essayer de traduire et de transmettre le message de l'enfant dans sa propre famille, là où il vit, ou survit.

Dans la catégorie II (19,01 %), les cas sont plus nuancés, moins clairs, moins alarmants aussi, comme le confirme le message graphique (Planche XXV, fig. 2) :

– Il s'agit, pour la moitié d'entre eux, d'enfants ayant un problème personnel particulier de terrain, médical par exemple (ainsi, un facteur endocrinien chez trois d'entre eux : diabète dans les ascendants ou autre cause), avec éventuellement un facteur environnemental familial surajouté : par exemple, chez un enfant, déjà marqué par les troubles de pigmentation cutanée qui caractérisent le vitiligo, s'ajoute le désespoir bruyant de sa mère devant son aspect. Dans ce groupe figurent deux débiles légers (les parents de l'un refusent cette situation et chez l'autre existe une carence parentale) et un enfant immature.

– L'autre moitié est constituée d'enfants immigrés en cours d'adaptation, peu motivés par leurs parents dans leur travail scolaire, s'enfonçant parfois dans une attitude abandonnique.

La catégorie III (12,35 %) comporte des enfants de familles presque joyeusement obèses (5 cas), ou des enfants particulièrement choyés nutritivement pour ne pas dire gâtés (6 cas).

Là, l'étude du dessin est intéressante sans être une cause d'alarme (Planche XXV, fig. 1) : l'attention parentale existe.

On notera que, quelle que soit la catégorie, l'enfant obèse ne se dessine pas «gros».

Qu'en est-il du cursus scolaire chez ces enfants?

La fréquence accrue du **retard scolaire** chez l'enfant obèse est signalée dans divers travaux (J. de Ajuriaguerra & D Marcelli, 1982 : 122 ; M.L. Frelut & J. Navarro, 2000 : 575).

Elle se retrouve dans nos résultats : la population des enfants obèses de notre étude (89 enfants) constitue, comme nous l'avons déjà précisé, 9,06 % de l'effectif scolaire envisagé (982 enfants). Mais elle forme 13,79 % de l'effectif relevé des enfants présentant un retard scolaire d'un ou de deux ans dans ces écoles (32 sur 252).

Les causes de l'échec scolaire sont multiples.

– La débilité légère, elle-même source de retard scolaire, est aussi reconnue comme facteur favorisant l'obésité de l'enfant en raison de «la recherche de satisfactions immédiates (non symbolisées)» (de Ajuriaguerra & Marcelli, *ibid.*). Nous avons constaté une augmentation de la proportion des obèses en classe de perfectionnement.

– Les conséquences psychologiques de l'obésité de l'enfant dans sa vie scolaire sont retenues également.

– De plus, des difficultés ou inadaptations familiales de toutes sortes peuvent amener non seulement l'obésité en raison de cette boulimie réactionnelle mais aussi une perte d'intérêt de l'enfant pour son métier d'écolier. Cette perte d'intérêt peut aller jusqu'à une sidération des possibilités intellectuelles reconnues, cela sous l'effet d'un état de stress majeur. Nous avons observé ces situations dans l'alcoolisme parental, dans les séparations parentales par exemple.

Ces aspects dits sociaux de l'obésité de l'enfant ont fait l'objet d'études : entre autres, une enquête danoise dans les écoles primaires (I. Lissau-Sorensen & T. Sorensen, 1997). Elle a amené des résultats rassurants et déculpabilisants quant au facteur solitude de l'enfant, ce qui est loin de faire l'unanimité. Elle retient comme seul facteur de risque l'inadéquation du soutien parental révélé par l'aspect négligé de l'enfant au moment de l'examen : ceci relève de ce que nous avons appelé la carence parentale.

Il nous faut souligner que les situations difficiles ou particulières que nous avons énumérées ne peuvent être appréciées au cours d'un seul examen, ou par le relevé chiffré de notions socio-familiales. La connaissance de l'enfant est le fruit d'une attention régulière, patiente, prolongée sur des années et élargie à de multiples aspects.

En conclusion

Les recherches génétiques sur l'obésité se poursuivent actuellement et tentent de préciser chez l'enfant ces « mécanismes complexes et variables d'une population à l'autre » (M.L. Frelut & J. Navarro, 2000 : 574), source de l'obésité.

Il ne nous est pas nécessaire d'attendre les résultats pour souligner chez l'enfant l'importance des « facteurs environnementaux puissants » reconnus chez l'adulte. L'environnement social de l'enfant est sa famille.

L'étude de ces cas amène à insister sur la vulnérabilité de l'enfant, vulnérabilité dont l'obésité réactionnelle peut être un signe extérieur. Solitude, souffrance, mais aussi état de stress prolongé dû à une anxiété, une insécurité persistante peuvent marquer la vie de l'enfant. Or, le stress fait partie, aux côtés de l'insuffisance de dépense physique et du dérèglement alimentaire, de ces facteurs environnementaux dits puissants reconnus chez l'adulte obèse. Il apparaît que ce qui est admis chez l'adulte est vrai aussi chez l'enfant.

L'enfant dans sa famille : la responsabilité parentale

Après ce retour à l'enfant, auteur du dessin, nous sommes amenés à revenir aux parents de cet enfant, parents qui ont fondé la famille : « L'enfant en bas âge est inséré dans une famille qui assure l'essentiel de ses besoins aussi bien matériels qu'éducatifs et affectifs », écrit, dans les Droits de l'Enfant, F. Dekeuwer-Defossez (1998 : 42), et tout de suite. « L'autorité parentale appartient aux père et mère pour protéger l'enfant dans sa sécurité, sa santé, sa moralité » (article 371-2 du Code Civil) et aussi : « L'enfant à tout âge doit honneur et respect à ses parents » (article 371 du Code Civil).

Dès l'abord, on se heurte à quelques difficultés.

La famille étant en pleine mutation en raison de la mouvance du couple, on ne sait plus très bien la définir. Les études abondent sur ce sujet qui manifestement fascine les chercheurs.

Quel est donc le fonctionnement interne des familles contemporaines ? La réponse donnée est le partenariat parents-enfants.

On étudie ces échanges parents-enfants sur la base d'enquêtes, d'interviews concernant très souvent des familles où vivent des pré-adolescents. Or, tout est en construction bien avant cet âge et, à 10 ans, l'acquis est déjà considérable. On cherche à définir l'enfant dans son cadre : « construction évolutive » au sein des diverses recompositions familiales pour les uns (C. Cordero, 1995 : 121), « bien de consommation affective » pour d'autres (J. Kellerhals, 1991 : 92). Voilà qui le rapproche de l'animal familier.

L. Roussel met en lumière l'intensité de la relation (1994 : 11). « Il sera pourvoyeur de tendresse, celui pour qui les parents, un temps, seront tout », et plus loin : « La responsabilité des parents à l'égard de l'enfant est irrécusable, définitive, inconditionnelle » (*ibid.* : 14).

Nous reprendrons ce terme, d'ailleurs accepté unanimement dans une enquête récente sur les valeurs (*ibid.* : 11), pour observer, autant qu'il est possible à la lumière de notre étude, la réponse parentale aux besoins matériels, affectifs et éducatifs, c'est-à-dire ce qui concerne sa santé, son épanouissement et sa formation de futur adulte.

L'ATTENTION À LA SANTÉ PHYSIQUE DE L'ENFANT

Son état physique

Une alimentation suffisante et adaptée, l'hygiène dans la vie courante et l'habitation, le suivi des vaccinations (alors que la rougeole, la coqueluche et le tétanos coûtent encore la vie chaque jour à 8.000 enfants dans le monde), ont permis la baisse de la morbidité et de la mortalité infantiles. En effet, les chiffres de l'UNICEF (1990 : 87) montrent que la France fait partie des 12 pays où le taux de mortalité des enfants de moins de 5 ans (TMM5) est le plus faible (7 à 10‰) alors que pour la moitié des 131 pays envisagés, il oscille entre 100 et 300‰. Plus précisément encore, entre 1950 et 1997, la mortalité infantile de la naissance à 1 an a chuté en France de 44.843 décès à 3.350 (F. Hatton *et al.*, 2000).

Les difficultés financières d'origine et de degré divers (la précarité existe) peuvent avoir un retentissement physique sur l'enfant : une aide financière sociale est généralement possible en de pareils cas.

Mais aussi, l'état général de l'enfant peut être altéré dans les familles où existent violence et insécurité (alcoolisme par exemple) où, comme nous l'avons vu, on peut constater un épuisement chronique par le stress continuel. Il arrive aussi que des épisodes aigus de la vie familiale (séparation parentale par exemple) amènent un fléchissement de l'état physique. Les sévices à enfant peuvent aboutir à un tableau de nanisme. Ce ne sont là que quelques exemples.

Son hygiène

Hygiène corporelle

Il arrive que l'hygiène corporelle soit douteuse malgré les possibilités offertes par l'habitat. Certains gestes élémentaires d'hygiène ne font pas partie du quotidien, comme de se savonner les mains avant et après chaque repas, ou même tout simplement se savonner correctement les mains. Par contre, d'autres habitudes se sont implantées : celle de la tétine-sucette, favorable au confort des parents, est parfois prolongée chez le jeune enfant au point d'amener des déformations dentaires de proximité.

Hygiène de vie

C'est un autre aspect de l'état de santé de l'enfant. Il s'agit alors du respect de ses rythmes biologiques dans sa vie quotidienne en raison des répercussions sur son état de fatigue et sur son comportement.

L'enfant a besoin de régularité dans son emploi du temps, dans ses rythmes de vie, pour un développement équilibré. L'organisme humain n'est-il pas réglé dans son fonctionnement par des horloges biologiques ? Il est important d'en tenir compte.

L'emploi du temps scolaire qui est en butte à tant de critiques, qui peut contrarier les projets des parents, avait eu, au moins jusqu'à présent, le mérite de cette régularité dans ses horaires quotidiens et hebdomadaires. Certes, il est perfectible en adaptant, par exemple, comme le préconisent les physiologistes, les matières enseignées à la qualité de l'attention, de la « vigilance » à l'intérieur des horaires : en effet, la vigilance est soumise, elle aussi, à des fluctuations régulièrement rythmées au cours du cycle nycthéméral.

Autre élément d'importance : le sommeil, en raison des besoins de l'enfant. Il doit être suffisant (ce qui est loin d'être le cas général), régulier (ce qui l'est encore moins souvent), et assuré dans des conditions de confort raisonnable physique (le bruit!) et affectif... Il est également dépendant de l'équilibre entre les activités physiques et mentales. D'où quelques notions utiles à diffuser (J. Mantz, 1992) : la télévision immobilise l'enfant, un temps de dépense physique quotidienne est nécessaire, et autres exemples.

Instabilité, agitation, fatigue, telles sont les conséquences du manque d'attention régulière à ces besoins, conséquences comparables d'ailleurs à celles amenées par le stress dû aux problèmes familiaux. Cette agitation jointe à la fatigue peut être perçue sur les dessins.

L'ATTENTION À L'ÉPANOUISSEMENT DE L'ENFANT

Accord unanime sur cet objectif parental, accord parfait sans fausse note.

La famille « sécurisante et stimulante » de Porot (1967) rejoint « l'attention constante et l'environnement stable » de de Singly (1996). Ceci nous conforte sans doute dans l'idée que le bon sens défie le temps, et cela malgré le changement à 90° de l'axe géométrique de la famille, famille qui, dit-on, de verticale et autoritaire, est devenue horizontale et relationnelle. Ajoutons que l'augmentation actuelle des échanges parents-enfants peut contribuer à faciliter cet épanouissement.

– Sécurité, stabilité, d'une part : nous retrouvons sur le plan affectif la régularité nécessaire à la croissance physique harmonieuse de l'enfant,

– Famille stimulante, attentive, d'autre part : c'est l'intérêt porté à la personne de l'enfant, à son éveil, à son enrichissement.

Les exemples de cette ambiance dans le dessin de la famille ne manquent pas, on sera heureux de le constater. On aimerait penser que cette situation est générale : elle est de toute façon fort diverse. Les études typologiques de la famille ont cherché à apprécier cette diversité par le croisement de plusieurs axes de discrimination, les corrélations établies aboutissant à des pourcentages chiffrés de types comportementaux. Un exemple : les quatre types de familles, «Parallèle, Bastion, Compagnonnage, Association», de J. Kellerhals & C. Montandon (1991). Mais cette appréciation typologique, malgré tout son intérêt, risque d'être simpliste et fortement réductrice car les actions et réactions diffèrent selon la nature de chacun des parents ; de plus, les familles sont en évolution constante dans leurs réactions aux joies et aux difficultés internes ou externes.

C'est pourquoi notre étude de l'ambiance familiale dans le dessin reste qualitative. Le seul chiffre avancé concerne celui de la proportion des dessins dits «préoccupants» : ce chiffre concerne globalement les situations familiales les plus difficiles, les moins favorables à l'épanouissement de l'enfant, et il a varié, dans notre population, passant de 10% (1985) à 20% (1999). Ceci illustre bien les modifications évolutives internes et externes de toutes sortes.

Dans ces cas préoccupants, il ne s'agit plus d'employer pour l'enfant les termes de construction, d'épanouissement. On peut parler de désintérêt, d'abandon, ou plus encore d'inhibition et même de destruction.

Nous avons vu les dessins des enfants illustrant le désintérêt parental : cette pauvreté triste dans la carence parentale, gros problème actuel. Ne sommes-nous pas à l'ère de l'individualisme, de la légitimité du soi? La discorde parentale représente une situation très proche. En effet, il est humain que les orages surviennent dans la vie du couple. Mieux vaut la séparation que la discorde permanente, s'accorde-t-on à dire. Mais l'autre alternative ? L'effort d'entente dans l'intérêt de l'enfant quand il est encore temps ? Est-ce incompatible avec le « Soi » ?

Faute de quoi la douleur de l'enfant éclate dans son langage. De même, dans les situations de violence ou de despotisme parental, d'alcoolisme parental, de maltraitance.

L'ATTENTION À L'ÉDUCATION DE L'ENFANT

« Eduquer, c'est instruire et former », dit le Larousse, définissant ainsi les deux notions de base retrouvées dans le Littré au mot Education : « Ensemble des habiletés intellectuelles ou manuelles qui s'acquièrent et ensemble des qualités morales qui se développent ».

La famille étant le premier lieu de socialisation de l'enfant, son premier environnement, c'est aux parents que revient sa réalisation pratique, lourde responsabilité.

A. Percheron (1991 : 190) définit les modalités de cette pratique. « On peut réduire à deux les mécanismes de la transmission familiale des valeurs : l'imprégnation et l'inculcation, les deux mariant toujours leurs effets. »

– Dans l'imprégnation joue l'influence du modèle parental familial, de l'exemple. C'est celui qui marque le plus profondément l'enfant de façon positive, ou négative. « Les parents doivent, par leur propre comportement et les valeurs qui inspirent leur vie, indiquer une direction à leur enfant », écrit B. Bettelheim (1988 : 27).

– Dans l'inculcation, ce sont les interdits ou directives contraignantes sur le choix des valeurs. Mais, dans la famille contemporaine, il n'est plus question d'interdire ou de diriger : « La confiance doit remplacer la coercition » (F. de Singly, 1996 : 116).

De plus, les valeurs ont changé : « Les normes extérieures en déclin (comme les règles de la morale, de la politesse) ont été progressivement remplacées par des principes de régulation interne dont la légitimité est le 'Soi' » (*ibid.* : 118). Le but : « le bien être avec soi même » (*ibid.* : 112), « être bien dans sa peau, bien dans sa tête » (*ibid.* : 120).

L'hédonisme triomphe et le problème demeure.

On peut lire « Découvrir les richesses personnelles de l'enfant tout en respectant son autonomie », mais « par quelle intervention ? ». « Les parents ne savent pas toujours comment faire » (F. de Singly, 1996 : 108).

Et on parle de la «famille normale» devenue «grande consommatrice de psychologie» (F. de Singly, 1993 : 39). Souvent, on ne peut que constater l'inertie parentale. Ph. Ariès écrit déjà, en 1975 (234) : «L'enfant aujourd'hui gêne plus que pendant le XIV-XXe siècle». Il semble devenu hors norme de dire, en en précisant la raison, ce qui est à faire, ou à ne pas faire. Ou est-ce trop fatigant?

«L'enfant, dit L. Roussel (1994 : 12), vit jusqu'à 11-12 ans dans un monde flexible à ses désirs... d'une certaine manière, il est resté en petite enfance... Adolescent, très vite, il va buter contre des résistances insoupçonnées... et aussi partager une certaine manière de vivre avec d'autres jeunes.» Après la démission des parents dénoncée par l'école chargée de combler les vides, c'est le dépassement parental.

On est loin du retour attendu : l'attitude de respect de l'enfant envers ses parents.

Défaillance parentale, démission parentale, carence parentale : on comprend le souci d'action et de soutien qui se manifeste actuellement. Les parents sont manifestement en difficulté et la formation au métier de parent est envisagée.

Nous arrêterons là cette réflexion sur l'éducation de l'enfant dans sa famille et nous conclurons sur les conséquences des situations vécues dans nos observations sur le devenir de ces enfants.

Conclusions

Nous voici arrivés au terme de nos observations, de notre réflexion sur les différents aspects de la famille contemporaine, dite post-moderne, à partir de sa figuration par l'enfant de 6 ans.

Essayons d'en retirer quelques éléments pratiques.

Soulignons tout d'abord que l'attention à ces dessins a, en médecine scolaire, un triple intérêt :

– Il permet d'évaluer, en principe, le niveau de maturation de l'enfant grâce à la représentation du bonhomme qui y figure généralement à plusieurs exemplaires : c'est une raison d'ailleurs de le laisser inclus dans le dossier médico-scolaire de l'enfant de 6 ans (ce travail a été effectué sur diapositives, les dessins originaux étant demeurés dans les dossiers). Il apporte bien autre chose encore.

– Il permet une meilleure connaissance de la personnalité de l'enfant, permet d'ajuster l'aide à ses besoins : l'anxieux doit être rassuré, l'abandonné valorisé, le timide mis en confiance... Il s'agit là d'un travail d'équipe autour de l'enfant incluant la famille.

– Il donne une image de la richesse ou de la pauvreté de son apport familial, une explication de sa réaction personnelle, de son attitude devant les difficultés, de son dynamisme à les vaincre ou de sa submersion. Un tel dessin peut intervenir lors des commissions d'orientation d'enfants en difficulté scolaire et aider au choix le mieux adapté. Des enfants en grande difficulté familiale nécessitent la prise d'initiatives les concernant pour les aider à vivre (séjour en externat aéré, en externat spécialisé, en colonie de vacances, en maison de cure, soutien extra-scolaire). Enfin, le dessin est parfois un signe d'alarme permettant le dépistage d'enfant en danger, danger qu'il faut prévenir d'urgence.

Souhaitons que l'effectif des médecins scolaires nécessaire au suivi régulier et annuel de tous ces enfants, et actuellement notoirement insuffisant, soit renforcé. Car la tâche est importante.

A la suite des résultats de cette confrontation dessin/famille, une inquiétude certaine concernant le sort de l'enfant ne peut être niée : le rôle de parent est un rôle difficile qui s'accorde mal avec l'hédonisme, l'individualisme triomphant, la recherche de confort immédiat de notre époque. Ainsi, la carence parentale est un problème majeur de notre temps, avec celui de l'éclatement familial auquel elle est d'ailleurs liée. Les parents peuvent faire étalage de leur respect de l'autonomie épanouissante de leur enfant en ponctuant, parsemant, émaillant leurs phrases dans leurs discours à son adresse de « D'accord ? » pour tout et pour rien. Mais dans ces si fréquentes discordes parentales décrétées sans autre remède envisageable que la séparation, ils n'hésitent pas à lui faire assumer un rôle d'adulte vis-à-vis de leurs pulsions trop souvent égocentriques. Les rôles sont inversés : à l'enfant de faire preuve d'ouverture à autrui, de compréhension, de tolérance et aussi de courage devant l'épreuve, et de renoncement. L'enfant est une personne sociale en grande dépendance, toute « relationnelle » que soit dite la famille contemporaine.

Ceci vaut aussi pour les autres grands problèmes socio-familiaux que nous avons rencontrés. Ils ne se sont pas évanouis avec le progrès technique : ainsi, l'alcoolisme demeure et Zola reste toujours un auteur d'actualité.

Les situations de danger de l'enfant ne bénéficient guère de solutions rapidement constructives : dans les cas de maltraitance, l'adoption de ces « enfants torturés tranquillement par leur papa et leur maman », comme l'a si bien dit Jacques Prévert dans *Paroles*, adoption qui pourrait donner une chance à l'enfant, est toujours aussi difficile, critiquée, méconnue. Un intérêt réel porté à l'enfant, à sa réalité vécue, par ceux qui étudient la famille et aussi par ceux qui décident, ceux qui légifèrent pourrait transformer son avenir.

Enfin, très couramment dans notre univers confortable, la violence des adolescents, violence dirigée contre les autres mais aussi contre eux-mêmes, alarme ou irrite. Quel est leur passé ? Dans quelles familles ont-ils grandi ? Et que sont devenus ces enfants de 6 ans vivant ces difficiles situations familiales ? La recherche du contexte familial chez les adolescents candidats au suicide, l'étude du passé familial des délinquants violents, des incarcérés adultes sont à intensifier. Elles pourraient amener des réactions constructives.

Prévenir plutôt que rattraper les dégâts. Car le métier de parent est un métier difficile. L'idée de formation au métier de parent — métier non reconnu — semble commencer à se faire jour. Là encore, une étude des moyens, de la mise en œuvre de ces moyens est à approfondir, à concrétiser, à diffuser.

N'en avons-nous pas les possibilités ?

L'urgence n'est-elle pas flagrante ?

Bibliographie

1. AJURIAGUERRA Julien DE, MARCELLI Daniel, *Psychopathologie de l'enfant*, Paris : Masson, 1982, 496 p.
2. ARIES Philippe, *L'enfant et la vie familiale sous l'ancien régime*, Paris : Points seuil Histoire, 1973, 316 p.
3. ARIES Philippe, L'enfant : la fin d'un règne, in « Finie la famille ? », série Mutation, n° 3, Paris : Autrement, 1992, p. 229-235.
4. BARRUCAND Dominique, *Alcoologie. Textes du certificat optionnel Nancy*, 1981-82, Clermont-Ferrand : Edipro Riom Laboratoires - CERM, 1984, 252 p.
5. BASTARD Benoît, CARDIA-VONECHE Laura, Transformations et permanences, in *La Famille : transformations récentes*, La documentation française, 1992, 685, p. 49-52.
6. BENCHETRIT David, *Le Monde*, 21 juin 2000, 6732, p. 10.
7. BETTELHEIM Bruno, *Pour être des parents acceptables*, Paris : Robert Laffont. Collection Réponses, 1988.
8. BORELLI-VINCENT M., L'expression des conflits dans le dessin de la famille, *Rev. Neuro. Psych. Inf.*, 1965, 13, p. 45-65.
9. BOURDIER P., L'hypermaturation des enfants de parents malades mentaux. Problèmes cliniques et théoriques, *Rev. Franç. Psychal.*, 1972, 36, p. 19-42.
10. BOURDIEU Pierre, PASSERON J.-Claude, *La reproduction : éléments pour une théorie du système d'enseignement*, Paris : Ed. de Minuit, 1970, 279 p.
11. BOUTONIER Juliette, *Les dessins d'enfants*, Paris : Scarabée, 1953, 125 p.
12. BROCHARD A.T., De la mortalité des nourrissons en France, Paris, 1866, in STRAUSS Pierre & MANCIAUX Michel, *L'enfant maltraité*, Paris : Fleurus, 1982, 276 p.
13. CHAILLOU Philippe, *L'enfant et sa famille face à la justice*, Toulouse : Privat, Pratiques sociales, 1992, 157 p.
14. CORDERO Christine, *La famille, crise ou mutation ? Le choix du conjoint, la vie du couple, la place de l'enfant, famille et société*, Paris : Le Monde poche, 1995, 175 p.
15. CORMAN Louis, *Le test du dessin de la famille dans la pratique médicopsychologique*, Paris : PUF, 1964, 162 p.
16. DALLAYRAC D., *Dossier alcoolisme*, Paris : Robert Laffont, 1971.
17. DEBIENNE Marie Claire, *Le dessin chez l'enfant*, Paris : PUF Paideia, 1974, 122 p.
18. DEKEUWER-DEFOSSEZ Françoise, *Les droits de l'enfant*, Paris : Que sais-je ? PUF, 1998, 127 p.
19. DOSTOIESVKI Fédor, *Les frères Karamazov*, Paris : Gallimard, 1952, 443 et 445 p.
20. DURNING Paul, Répression, soutien ou formation des parents devant la complexité de la fonction éducative, in *Dossier : responsabilité des familles*, Informations sociales, 1999, 73-74, p. 192-199.
21. ENGELHART Dominique, Dessin : utilisation et recherches, in *Le dessin de l'enfant*, Paris : PUF Paideia, 1990, p. 107-139.
22. ERNY Pierre, JEONG Mi Rea, *Etre parents. Parcours pour une éducation*, Lyon : Chronique sociale, 1996, 154 p.

23. FRELUT M.L., NAVARRO J., Obésité de l'enfant, *La Presse Médicale*, 2000, 29, p. 572-577.
24. FROGUEL Ph., GUY-GRAND B., CLEMENT K., Génétique de l'obésité : vers la compréhension d'un syndrome complexe, *La Presse Médicale*, 2000, 29, p. 564-571.
25. GESELL Arnold, ILG Frances L., *Le jeune enfant dans la civilisation moderne*, Paris : PUF, 1957, 387 p.
26. GOODENOUGH Florence, *L'intelligence d'après le dessin*, Paris : PUF, 1957, 132 p.
27. GRELLEY Pierre, Qui transmet quoi ?, in *Dossier : responsabilité des familles*, Informations sociales, 1999, 73-74, p. 186-190.
28. HATTON F., BOUVIER-COLLE M.H., BLONDET B., PEQUIGNOT F., LE TOULLEC A., Evolution de la mortalité infantile en France : fréquence et causes de 1950 à 1997, *Archives de Pédiatrie*, 2000, 7, p. 489-500.
29. HURSTEL Françoise, Rôle social et fonction psychologique du père, in *La présence du père*, Informations sociales, 1996, 56, p. 8-17.
30. INGERSHEIM Jacqueline, MATAS Juan, Enquête sur la violence au Collège. Comprendre pour agir, *Revue des Sciences Sociales de la France de l'Est*, 1998, 25, p. 66-74.
31. KAFKA Franz, Lettre au père, in *La présence du père*, Informations sociales, 1996, 56, p. 101-102.
32. KELLERHALS Jean, TROUTOT Pierre Yves, LAZEGA Emmanuel, *Microsociologie de la famille*, Paris : Que sais-je ?, 1984, PUF, 124 p.
33. KELLERHALS Jean, MONTANDON Cléopâtre, *Les stratégies éducatives des familles*, Lausanne : Delachaux et Niestlé, 1991, 256 p.
34. LAPASSADE Georges, *L'entrée dans la vie. Arguments 17*, Paris : Ed. de Minuit, 1997, 219 p.
35. LE CORROLLER-MANTZ Janine, *L'écolier de 6 ans et le dessin de sa famille*, 145 p. Thèse : Sciences Sociales : Université des Sciences Humaines Marc Bloch de Strasbourg, 2001.
36. LE PAGE Frédéric, *Les jumeaux. Enquête*, Paris : Robert Laffont, collection Réponses, 1980, 357 p.
37. LERIDON Henri, VILLENEUVE-GOKALP Catherine, *Constance et inconstances de la famille*, Institut National d'Etudes Démographiques, cahier n° 134, Paris : PUF, 1994, 341 p.
38. LISSAU-SORENSEN I., SORENSEN T., Prospective study of the influence of social factors in childhood on risk of overweight in young adulthood, *Int. J. Obes.*, 1997, 16, p. 169-175.
39. LUQUET Georges H., *Le dessin enfantin*, Neuchâtel, Paris : Delachaux et Niestlé, 1984, 211 p.
40. MANCIAUX Michel, DESCHAMPS Jean-Pierre, FRITZ Marie-Thérèse, *Santé de la mère et de l'enfant - Nouveaux concepts en pédiatrie sociale*, Paris, Flammarion, 1984, 498 p.
41. MANTZ Janine, L'enfant martyr sacrifié, *J. Med. Strasbourg*, 1980, 11, p. 567-569.
42. MANTZ Janine, Le dessin de la famille de l'enfant de 6 ans et le médecin scolaire, *J. Med. Strasbourg*, 1982, 13, p. 15-20.
43. MANTZ Janine, L'écolier face à l'alcoolisme parental : le message de son dessin de la famille, *J. Med. Strasbourg*, 1985, 16, p. 243-247.
44. MANTZ J., BOILLETOT A., The measurement of the maturity of children with malignant diseases by their drawings, *Approaches to cancer therapy research in France and Japan*, Oxford : Pergamon Press, 1987, p. 157-162.
45. MANTZ Janine, Le médecin scolaire et l'enfant victime de sévices, *Ann. Pédiatr.*, Paris, 1990, 37, p. 123-126.

46. MANTZ Janine, MUZET Alain, Le sommeil de l'enfant de trois ans, *Arch. Fr. Pediatr.*, 1991, 48, p. 19-24.
47. MANTZ Janine, MUZET Alain, Le médecin scolaire face aux rythmes de vie de l'écolier, *Ann. Pédiatr., Paris*, 1992, 39, p. 317-321.
48. MANTZ Janine, MUZET Alain, WINTER Anne Sophie, Le sommeil de l'écolier de 6 à 11 ans. Enquête longitudinale en milieu scolaire, *Ann. Pédiatr.*, Paris, 1999, 46, p. 574-579.
49. MANTZ Janine, MUZET Alain, WINTER Anne Sophie, Le rythme veille-sommeil chez l'adolescent de 15 à 20 ans. Enquête réalisée dans un lycée pendant 10 jours consécutifs, *Arch. Pédiatr.*, 2000, 7, p. 256-262.
50. MANTZ Jean-Marie, L'enfant sacré, *J. Med. Strasbourg*, 1993, 24, p. 237.
51. MENDONÇA M.M. DE, Etude pédopsychiatrique sur des enfants de père alcoolique, *Rev. Neuro. Psych. Inf.*, 1976, 25, p. 411-428.
52. MICHEL Andrée, *Sociologie de la famille et du mariage*, Paris : PUF, 1972, 222 p.
53. PERCHERON Annick, La transmission des valeurs, in *La Famille : l'état des savoirs*, Paris : La Découverte, 1991, p. 183-193.
54. POROT Maurice, Le dessin de la famille. Exploration par le dessin de la situation affective de l'enfant dans sa famille, *Pédiatrie*, 1952, 3, p. 359-381.
55. POROT Maurice, *L'enfant et les relations familiales*, Paris : PUF Paideia, 1966, 260 p.
56. PREVERT Jacques, *Paroles*, Paris : Gallimard, 1949, 243 p.
57. ROUSSEL Louis, *La famille incertaine*, Paris : Odile Jacob, 1989, 334 p.
58. ROUSSEL Louis, La famille source d'avenir, *Projet*, Paris : Assas, 1994, 239, p. 7-15.
59. ROVIELLO Anne-Marie, Nouvelles morales pour familles nouvelles, in *Les nouvelles familles*, La Pensée et les Hommes, Bruxelles, 1996, p. 141-153.
60. SEGALEN Martine, Un panorama des changements, in *La famille : transformations récentes*, Paris, La documentation française. Problèmes politiques et sociaux, 1992, 685, p. 4-9.
61. SEGALEN Martine, *Sociologie de la famille*, Paris : Armand Colin et Masson, 1996, 296 p.
62. SINGLY François DE, *Sociologie de la famille contemporaine*, Paris : Nathan, 1993, 128 p.
63. SINGLY François DE, *Le soi, le couple et la famille*, Paris : Nathan, série Sciences sociales, 1996, 255 p.
64. THÉRY Irène, Les changements et leur perception. De la famille aux familles, in *La famille : transformations récentes*, Paris, La Documentation Française. Problèmes politiques et sociaux, 1992, 685, p. 44-48.
65. UNICEF, *La situation des enfants dans le monde*, Fonds des Nations Unies pour l'enfance, 1990, 100 p.
66. WALLON Henri, *L'évolution psychologique de l'enfant*, Paris : A. Colin, 1941, 224 p.
67. WALLON Philippe, CAMBIER Anne, ENGELHART Dominique, *Le dessin de l'enfant*, Paris : PUF Paideia, 1990, 235 p.
68. WALLON Philippe, Dessin et inadaptation et/ou pathologie, in *Le dessin de l'enfant*, Paris : PUF Paideia, 1990, p. 161-190.
69. WIDLÖCHER Daniel, *L'interprétation des dessins d'enfants*, Bruxelles : Pierre Mardaga, Psychologie et Sciences humaines, 1981, 266 p.
70. WOLTERS Wilhelm, H.G., La mort d'un enfant en milieu hospitalier, in *L'enfant dans la famille*, vol. 2 : l'enfant devant la maladie et la mort, Paris : Masson, 1974, p. 131-135.
71. ZAZZO René, *Les jumeaux, le couple et la personne*, Paris : PUF, 1960, 273 p.

Table des illustrations

Planche I	L'évolution du dessin		13
Planche II	L'ambiance familiale		29
Planche III	Le Père		33
Planche IV	La Mère		37
Planche V	La fratrie : les relations dans la fratrie		43
Planche VI	La fratrie : l'arrivée du bébé. Les jumeaux		45
Planche VII	L'enfant unique. Les grands parents		49
Planche VIII	La discorde parentale : discorde, séparation		57
Planche IX	La discorde parentale : séparation, recomposition		59
Planche X	La carence parentale		65
Planche XI	La tyrannie parentale		69
Planche XII	La psychopathie parentale		71
Planche XIII	La délinquance parentale		73
Planche XIV	L'alcoolisme parental		77
Planche XV	La violence familiale		81
Planche XVI	La maltraitance		85
Planche XVII	La famille absente		87
Planche XVIII	La famille blessée : la maladie, le handicap		89
Planche XIX	La famille blessée : la mort		91
Planche XX	La famille blessée : la guerre, l'exil		93
Planche XXI	La famille et l'univers des cultures		95
Planche XXII	La personnalité de l'enfant dans son dessin		101
Planche XXIII	La stéréotypie		105
Planche XXIV	L'hypermaturité		109
Planche XXV	Le dessin de l'enfant obèse		113

Table des matières

INTRODUCTION	9
BASES DE L'ÉTUDE	11
Pourquoi le choix du dessin?	11
Pourquoi le choix du dessin de l'enfant de 6 ans?	12
L'évolution du dessin chez l'enfant : le choix de l'âge de 6 ans	12
L'évaluation de l'âge mental	15
L'enfant de 6 ans et sa connaissance de sa famille : sa communication par le dessin	16
Le récit de l'enfant de 6 ans : sa forme, son sens	17
La personnalité de l'enfant de 6 ans dans le dessin de sa famille	20
Inconscient, psychanalyse et dessin de la famille	21
LE RECUEIL DES DOCUMENTS	25
Le recueil du dessin	25
La constitution du dossier	26
L'ABORD DU DESSIN DE LA FAMILLE : SON ÉCOUTE, SON ÉTUDE	27
La méthode d'étude des dessins	27
Quelques exemples de l'écoute du message : la visualisation de l'ambiance familiale	28
LES MEMBRES DE LA FAMILLE	31
Le père	31
La mère	35
L'enfant	39
La fratrie	40
Les jumeaux	46
L'enfant unique	46
Les grands-parents	47

LES DIVERS ASPECTS DU MONDE FAMILIAL DANS NOTRE SOCIETE 51

La famille en danger 51
La discorde parentale 51
La carence parentale 55
La tyrannie parentale 66
La psychopathie parentale 70
La délinquance parentale 72
L'alcoolisme parental 74
La violence familiale 79
La maltraitance 81

La famille absente 86

La famille blessée 88
La maladie, le handicap 88
La mort 91
La guerre, l'exil 92

La famille et l'univers des cultures 94

L'AUTEUR DE LA PRÉSENTATION DE LA FAMILLE : L'ENFANT DE 6 ANS 99

Ses capacités mentales 99

Sa personnalité 100

Sa vulnérabilité 101
La stéréotypie par blocage affectif 102
Le dessin hypermature 107
L'enfant obèse et son dessin 110

L'ENFANT DANS SA FAMILLE : LA RESPONSABILITÉ PARENTALE 117

L'attention à la santé physique de l'enfant 118

L'attention à l'épanouissement de l'enfant 119

L'attention à l'éducation de l'enfant 121

CONCLUSIONS 123

BIBLIOGRAPHIE 125

Imprimé en Belgique par Pierre Mardaga, Liège.

CHEZ LE MÊME ÉDITEUR

PSYCHOLOGIE ET SCIENCES HUMAINES
collection publiée sous la direction de MARC RICHELLE

1 Dr Paul Chauchard : LA MAITRISE DE SOI. 9ᵉ éd.
7 Paul-A. Osterrieth : FAIRE DES ADULTES. 21ᵉ éd.
9 Daniel Widlöcher : L'INTERPRETATION DES DESSINS D'ENFANTS. 13ᵉ éd.
11 Berthe Reymond-Rivier : LE DEVELOPPEMENT SOCIAL DE L'ENFANT ET DE L'ADOLESCENT. 13ᵉ éd.
22 H.T. Klinkhamer-Steketée : PSYCHOTHERAPIE PAR LE JEU. 4ᵉ éd.
24 Marc Richelle : POURQUOI LES PSYCHOLOGUES? 6ᵉ éd.
25 Lucien Israel : LE MEDECIN FACE AU MALADE. 5ᵉ éd.
27 B.F. Skinner : LA REVOLUTION SCIENTIFIQUE DE L'ENSEIGNEMENT. 3ᵉ éd.
38 B.-F. Skinner : L'ANALYSE EXPERIMENTALE DU COMPORTEMENT. 2ᵉ éd.
40 R. Droz et M. Rahmy : LIRE PIAGET. 7ᵉ éd.
42 Denis Szabo, Denis Gagné, Alice Parizeau : L'ADOLESCENT ET LA SOCIETE. 2ᵉ éd.
43 Pierre Oléron : LANGAGE ET DEVELOPPEMENT MENTAL. 2ᵉ éd.
49 T. Ayllon et N. Azrin : TRAITEMENT COMPORTEMENTAL EN INSTITUTION PSYCHIATRIQUE
59 Jacques Van Rillaer : L'AGRESSIVITE HUMAINE
64 X. Seron, J.L. Lambert, M. Van der Linden : LA MODIFICATION DU COMPORTEMENT
65 W. Huber : INTRODUCTION A LA PSYCHOLOGIE DE LA PERSONNALITE. 7ᵉ éd.
66 Emile Meurice : PSYCHIATRIE ET VIE SOCIALE
68 P. Sifnéos : PSYCHOTHERAPIE BREVE ET CRISE EMOTIONNELLE
69 Marc Richelle : B.F. SKINNER OU LE PERIL BEHAVIORISTE
70 J.P. Bronckart : THEORIES DU LANGAGE
71 Anika Lemaire : JACQUES LACAN. 8ᵉ éd. revue et augmentée.
72 J.L. Lambert : INTRODUCTION A L'ARRIERATION MENTALE
73 T.G.R. Bower : DEVELOPPEMENT PSYCHOLOGIQUE DE LA PREMIERE ENFANCE. 4ᵉ éd.
74 J. Rondal : LANGAGE ET EDUCATION
75 Sheila Kitzinger : PREPARER A L'ACCOUCHEMENT
76 Ovide Fontaine : INTRODUCTION AUX THERAPIES COMPORTEMENTALES
77 Jacques-Philippe Leyens : PSYCHOLOGIE SOCIALE. *nouvelle édition 1997*
78 Jean Rondal : VOTRE ENFANT APPREND A PARLER 3ᵉ éd.
79 Michel Legrand : LE TEST DE SZONDI
80 H.J. Eysenck : LA NEVROSE ET VOUS
81 Albert Demaret : ETHOLOGIE ET PSYCHIATRIE
82 Jean-Luc Lambert et Jean A. Rondal : LE MONGOLISME. 4ᵉ éd.
84 Xavier Seron : APHASIE ET NEUROPSYCHOLOGIE
85 Roger Rondeau : LES GROUPES EN CRISE?
86 J. Danset-Léger : L'ENFANT ET LES IMAGES DE LA LITTERATURE ENFANTINE
87 Herbert S. Terrace : NIM. UN CHIMPANZE QUI A APPRIS LE LANGAGE GESTUEL
88 Roger Gilbert : BON POUR ENSEIGNER?
89 Wing, Cooper et Sartorius : GUIDE POUR UN EXAMEN PSYCHIATRIQUE
90 Jean Costermans : PSYCHOLOGIE DU LANGAGE
91 Françoise Macar : LE TEMPS, PERSPECTIVES PSYCHOPHYSIOLOGIQUES
92 Jacques Van Rillaer : LES ILLUSIONS DE LA PSYCHANALYSE. 4ᵉ éd.
93 Alain Lieury : LES PROCEDES MNEMOTECHNIQUES
94 Georges Thinès : PHENOMENOLOGIE ET SCIENCE DU COMPORTEMENT
95 Rudolph Schaffer : COMPORTEMENT MATERNEL
96 Daniel Stern : MERE ET ENFANT, LES PREMIERES RELATIONS. 3ᵉ éd.
98 Jean-Luc Lambert : ENSEIGNEMENT SPECIAL ET HANDICAP MENTAL
99 Jean Morval : INTRODUCTION A LA PSYCHOLOGIE DE L'ENVIRONNEMENT

100 Pierre Oleron et al. : SAVOIRS ET SAVOIR-FAIRE PSYCHOLOGIQUES CHEZ L'ENFANT
101 Bernard I. Murstein : STYLES DE VIE INTIME
102 Rondal/Lambert/Chipman : PSYCHOLINGUISTIQUE ET HANDICAP MENTAL
103 Brédart/Rondal : L'ANALYSE DU LANGAGE CHEZ L'ENFANT. 2e éd.
104 David Malan : PSYCHODYNAMIQUE ET PSYCHOTHERAPIE INDIVIDUELLE
105 Philippe Muller : WAGNER PAR SES REVES
106 John Eccles : LE MYSTERE HUMAIN
107 Xavier Seron : REEDUQUER LE CERVEAU
108 Moreau/Richelle : L'ACQUISITION DU LANGAGE. 5e éd.
109 Georges Nizard : ANALYSE TRANSACTIONNELLE ET SOIN INFIRMIER
110 Howard Gardner : GRIBOUILLAGES ET DESSINS D'ENFANTS, LEUR SIGNIFICATION. 3e éd.
111 Wilson/Otto : LA FEMME MODERNE ET L'ALCOOL
112 Edwards : DESSINER GRACE AU CERVEAU DROIT. 9e éd.
114 Blancheteau : L'APPRENTISSAGE CHEZ L'ANIMAL
115 Boutin : FORMATION ET DEVELOPPEMENTS
116 Húsen : L'ECOLE EN QUESTION
117 Ferrero/Besse : L'ENFANT ET SES COMPLEXES
118 R. Bruyer : LE VISAGE ET L'EXPRESSION FACIALE
119 J.P. Leyens : SOMMES-NOUS TOUS DES PSYCHOLOGUES?
120 J. Château : L'INTELLIGENCE OU LES INTELLIGENCES?
121 M. Claes : L'EXPERIENCE ADOLESCENTE
122 J. Hayes et P. Nutman : COMPRENDRE LES CHOMEURS
123 S. Sturdivant : LES FEMMES ET LA PSYCHOTHERAPIE
124 A. Pomerleau et G. Malcuit : L'ENFANT ET SON ENVIRONNEMENT
125 A. Van Hout et X. Seron : L'APHASIE DE L'ENFANT
126 A. Vergote : RELIGION, FOI, INCROYANCE
127 Sivadon/Fernandez-Zoïla : TEMPS DE TRAVAIL, TEMPS DE VIVRE
129 Hamers/Blanc : BILINGUALITE ET BILINGUISME
130 Legrand : PSYCHANALYSE, SCIENCE, SOCIETE
131 Le Camus : PRATIQUES PSYCHOMOTRICES
132 Lars Fredén : ASPECTS PSYCHOSOCIAUX DE LA DEPRESSION
133 Mount : LA FAMILLE SUBVERSIVE
135 Dailly/Moscato : LATERALISATION ET LATERALITE CHEZ L'ENFANT
136 Bonnet/Tamine-Gardes : QUAND L'ENFANT PARLE DU LANGAGE
137 Bruyer : LES SCIENCES HUMAINES ET LES DROITS DE L'HOMME
138 Taulelle : L'ENFANT A LA RENCONTRE DU LANGAGE
139 de Boucaud : PSYCHOLOGIE DE L'ENFANT ASTHMATIQUE
140 Duruz : NARCISSE EN QUETE DE SOI
143 Debuyst : MODELE ETHOLOGIQUE ET CRIMINOLOGIE
144 Ashton/Stepney : FUMER
145 Winkel et al. : L'IMAGE DE LA FEMME DANS LES LIVRES SCOLAIRES
146 Bideau/Richelle : PSYCHOLOGIE DEVELOPPEMENTALE
147 Schmid-Kitsikis : THEORIE CLINIQUE ET FONCTIONNEMENT MENTAL
148 Guggenbühl/Craig : POUVOIR ET RELATION D'AIDE
149 Rondal : LANGAGE ET COMMUNICATION CHEZ LES HANDICAPES MENTAUX
150 Moscato et al. : FONCTIONNEMENT COGNITIF ET INDIVIDUALITE
151 Château : L'HUMANISATION OU LES PREMIERS PAS DES VALEURS HUMAINES
152 Avery/Litwack : NEE TROP TOT
154 Kellens : QU'AS-TU FAIT DE TON FRERE?
155 Rondal/Henrot : LE LANGAGE DES SIGNES. 2e éd.
156 Lafontaine : LE PARTI PRIS DES MOTS
157 Bonnet/Hoc/Tiberghien : AUTOMATIQUE, INTELLIGENCE ARTIFICIELLE ET PSYCHOLOGIE
158 Giovannini et al. : PSYCHOLOGIE ET SANTE
159 Wilmotte et al. : LE SUICIDE
160 Giurgea : L'HERITAGE DE PAVLOV

161 Ionescu : MANUEL D'INTERVENTION EN DEFICIENCE MENTALE N° 1
162 Ionescu : MANUEL D'INTERVENTION EN DEFICIENCE MENTALE N° 2
163 Pieraut-Le Bonniec : CONNAITRE ET LE DIRE
164 Huber : PSYCHOLOGIE CLINIQUE AUJOURD'HUI
165 Rondal et al. : PROBLEMES DE PSYCHOLINGUISTIQUE
166 Slukin : LE LIEN MATERNEL
167 Baudour : L'AMOUR CONDAMNE
168 Wilwerth : VISAGES DE LA LITTERATURE FEMININE
169 Edwards : VISION, DESSIN, CREATIVITE. 3ᵉ éd.
170 Lutte : LIBERER L'ADOLESCENCE
171 Defays : L'ESPRIT EN FRICHE
172 Broome Walace : PSYCHOLOGIE ET PROBLEMES GYNECOLOGIQUES
173 Aimard : LES BEBES DE L'HUMOUR
174 Perruchet : LES AUTOMATISMES COGNITIFS
175 Bawin-Legros : FAMILLES, MARIAGE, DIVORCE
176 Pourtois/Desmet : EPISTEMOLOGIE ET INSTRUMENTATION EN SCIENCES HUMAINES. 2ᵉ éd.
177 Sloboda : L'ESPRIT MUSICIEN
178 Fraisse : POUR LA PSYCHOLOGIE SCIENTIFIQUE
179 Ruffiot : PSYCHOLOGIE DU SIDA
180 McAdams/Deliège : LA MUSIQUE ET LES SCIENCES COGNITIVES
181 Argentin : QUAND FAIRE C'EST DIRE...
182 Van der Linden : LES TROUBLES DE LA MEMOIRE
183 Lecuyer : BEBES ASTRONOMES, BEBES PSYCHOLOGUES : L'INTELLIGENCE DE LA 1ʳᵉ ANNEE
184 Immelmann : DICTIONNAIRE DE L'ETHOLOGIE
186 Fontana : GERER LE STRESS
187 Bouchard : DE LA PHENOMENOLOGIE A LA PSYCHANALYSE
188 Chanceaulme : MOURIR, ULTIME TENDRESSE
189 Rivière : LA PSYCHOLOGIE DE VYGOTSKY
190 Lecoq : APPRENTISSAGE DE LA LECTURE ET DYSLEXIE
191 de Montmolin/Amalberti/Theureau : MODELES DE L'ANALYSE DU TRAVAIL
193 Grégoire : EVALUER L'INTELLIGENCE DE L'ENFANT
194 Gommers/van den Bosch/de Aguilar : POUR UNE VIEILLESSE AUTONOME
195 Van Rillaer : LA GESTION DE SOI
196 Lecas : L'ATTENTION VISUELLE
197 Macquet : TOXICOMANIES ET FORMES DE LA VIE QUOTIDIENNE
198 Giurgea : LE VIEILLISSEMENT CEREBRAL
199 Pillon : LA MEMOIRE DES MOTS
200 Pouthas/Jouen : LES COMPORTEMENTS DU BEBE : EXPRESSION DE SON SAVOIR ?
201 Montangero/Maurice-Naville : PIAGET OU L'INTELLIGENCE EN MARCHE
202 Colin A. Epsie : LE TRAITEMENT PSYCHOLOGIQUE DE L'INSOMNIE
203 Samalin-Amboise : VIVRE A DEUX
204 Bourhis/Leyens : STEREOTYPES, DISCRIMINATION ET RELATIONS INTERGROUPES
205 Feltz/Lambert : ENTRE LE CORPS ET L'ESPRIT
206 Francès : MOTIVATION ET EFFICIENCE AU TRAVAIL
207 Houziaux : EDUCATION DU PATIENT ET ORDINATEUR
208 Roques : SORTIR DU CHOMAGE
209 Bléandonu : L'ANALYSE DES REVES ET LE REGARD MENTAL
210 Born/Delville/Mercier/Snad/Beeckmans : LES ABUS SEXUELS D'ENFANTS
211 Siguan : L'EUROPE DES LANGUES
212 de Bonis : CONNAITRE LES EMOTIONS HUMAINES
213 Retschitzki/Gurtner : L'ENFANT ET L'ORDINATEUR
214 Leyens/Yzerbyt/Schadron : STEREOTYPES ET COGNITION SOCIALE
215 Tiberghien : LA MEMOIRE OUBLIEE
216 Wynants : L'ORTHOGRAPHE, UNE NORME SOCIALE
217 Rondal : L'EVALUATION DU LANGAGE
218 Moreau : SOCIOLINGUISTIQUE, CONCEPTS DE BASE

219 Rouquette : LA CHASSE À L'IMMIGRÉ
220 Grubar/Duyme/Cote et al. : LA PRÉCOCITÉ INTELLECTUELLE DE LA MYTHOLOGIE À LA GÉNÉTIQUE. 2e éd.
221 Pomini et al. : THÉRAPIE PSYCHOLOGIQUE DES SCHIZOPHRÉNIES
222 Houdé et al. : DESCARTES ET SON ŒUVRE AUJOURD'HUI
223 Richelle : DÉFENSE DES SCIENCES HUMAINES
224 Leclercq : POUR UNE PÉDAGOGIE UNIVERSITAIRE DE QUALITÉ
225 Gillis : L'AUTISME ATTRAPÉ PAR LE CORPS
226 Pithon : LES TENDANCES ACTUELLES DE L'INTERVENTION PRÉCOCE EN EUROPE
227 Montangero : RÊVE ET COGNITION
228 Stern : LA FICTION PSYCHANALYTIQUE
229 Grégoire : L'ÉVALUATION CLINIQUE DE L'INTELLIGENCE DE L'ENFANT
230 Otte : LES ORIGINES DE LA PENSÉE
231 Rondal : LE LANGAGE : DE L'ANIMAL AUX ORIGINES DU LANGAGE HUMAIN
232 Gauthier : POUVOIR ET LIBERTÉ EN POLITIQUE - ACTUALITÉ DE SPINOZA
233 Zazzo : UNE MÉMOIRE POUR DEUX
234 Rondal : APPRENDRE LES LANGUES
235 Keller : PERCEVOIR : MONDE ET LANGAGE
236 Richard : PSYCHIATRIE GÉRIATRIQUE
237 Roussiau/Bonardi : LES REPRÉSENTATIONS SOCIALES
238 Liénard : L'INSERTION : DÉFI POUR L'ANALYSE, ENJEU POUR L'ACTION
239 Santiago-Delefosse : PSYCHOLOGIE DE LA SANTÉ
240 Grosjean : VICTIMISATION ET SOINS DE SANTÉ
241 Edwards : DESSINER GRÂCE AU CERVEAU DROIT
242 Borillo/Goulette : COGNITION ET CRÉATION
243 Ranwet : VICTIMES D'AMOUR
244 Bénesteau : MENSONGES FREUDIENS
245 Jacob : LA CURIOSITÉ
246 Mantz-Le Corroller : QUAND L'ENFANT DE SIX ANS DESSINE SA FAMILLE

Manuels et Traités

Droz-Richelle : MANUEL DE PSYCHOLOGIE. 5e éd.
Rondal-Esperet : MANUEL DE PSYCHOLOGIE DE L'ENFANT. *Nlle éd.*
Rondal-Seron : LES TROUBLES DU LANGAGE. *Nlle éd.*
Fontaine-Cottraux-Ladouceur : CLINIQUES DE THERAPIE COMPORTEMENTALE. 2e éd.
Godefroid : LES CHEMINS DE LA PSYCHOLOGIE. 2e éd.
Seron-Jeannerod : NEUROPSYCHOLOGIE HUMAINE. 2e éd.